智慧边界

生成式人工智能技术风险及其治理

孟　芳著

机械工业出版社

本书是系统介绍生成式人工智能基本概念、技术风险及其治理方案的人文社会科学类读物。书中简要介绍了生成式人工智能的底层逻辑与技术架构，结合医疗、金融、教育、法律等具体场景分析了生成式人工智能的落地应用，进而对其未来图景提出预测和想象。在此基础上，重点探讨和分析了生成式人工智能潜在的数据、算法、模型等技术风险，并尝试探索其治理理念、原则与方案，以期为生成式人工智能的技术创新与规范治理提供一定的参考借鉴。

本书适合对生成式人工智能感兴趣的广大读者，特别是从事人工智能研究、技术开发、政策制定、伦理治理等相关领域的专业人士；同时，也适合高校师生、科技爱好者以及对人工智能技术应用与治理有浓厚兴趣的普通读者阅读。

图书在版编目（CIP）数据

智慧边界：生成式人工智能技术风险及其治理 / 孟芳著. -- 北京：机械工业出版社，2025. 7. -- ISBN 978-7-111-78370-1

Ⅰ. TP18

中国国家版本馆 CIP 数据核字第 2025E0Y232 号

机械工业出版社（北京市百万庄大街 22 号　邮政编码 100037）

策划编辑：汤　枫　　责任编辑：汤　枫

责任校对：李荣青　马荣华　景　飞　　责任印制：单爱军

中煤（北京）印务有限公司印刷

2026 年 5 月第 1 版第 1 次印刷

170mm×240mm · 13 印张 · 172 千字

标准书号：ISBN 978-7-111-78370-1

定价：79.00 元

电话服务　　网络服务

客服电话：010-88361066　　机　工　官　网：www.cmpbook.com

010-88379833　　机　工　官　博：weibo.com/cmp1952

010-68326294　　金　书　网：www.golden-book.com

　机工教育服务网：www.cmpedu.com

前言
Preface

当前，大数据、云计算、物联网、人工智能、区块链、元宇宙、5G等技术的集成综合应用，为人类社会提供了基础架构和创新动力，由此成为数智社会的核心技术支撑。而数字化和智能化以更高效率、更高质量的方式推进了人类文明的演进与发展。回顾历史可知，人类社会先后经历了原始社会、农业社会、工业社会和数智社会四个主要发展阶段。不同社会发展阶段的变迁深刻反映了人类社会的生存状态、技术水平和社会结构的重大变革。

原始社会是人类社会发展的萌芽时期，在这一时期，人类刚刚从动物界中超拔出来，实现了从动物世界向人类社会的转变。在250万年的漫长岁月里，为了生存，原始人在采集和渔猎的过程中需要对周围的环境、每种植物的生长规律，以及每种动物的生活习性了如指掌，以此提升他们的生产效率。

从原始社会到农业社会的转变，是一场关于人类生活方式的革命。农业社会的持续时间大致从公元前3500年延续至公元1760年。在这一阶段，人类揭开了大自然的部分奥秘，驯化并饲养家禽，种植农作物，实现了食物的稳定供应，开始了定居生活，人口逐渐增多，社会分工也进一步细化。在农业社会，社会结构变得更大、更复杂，出现了阶级分化和国家的雏形。原始社会时期的采集和狩猎是即时性的活动，而农业生产则是未来导向性的。农业生产以季节周期为基础，经过数月的耕作，

最终迎来相对短暂的收获期。[一]

工业革命的爆发，始于18世纪60年代，由此将人类社会带入一个新纪元，人类劳动方式由手工劳动向大机器生产转变，生产力实现了前所未有的巨大飞跃。蒸汽机、电力等技术发明的广泛应用，极大地改变了人类的生产和生活方式。工业社会时期，城市化进程加速，社会结构乃至人们的生活方式都发生了翻天覆地的变化。交通运输和通信技术的快速发展，使得商品和信息的流通与传播更加高效，经济全球化的趋势日益明显，科学技术在社会进步中发挥着越来越不可替代的重要作用。

步入21世纪以来，伴随新兴数智科技的迅猛发展，人类社会正逐步迈入数智社会的新时代。数智社会以数字化、信息化、网络化为核心特征，不仅深刻改变了人们的生产方式、生活方式、思维方式、行为模式和价值观念，而且推动了社会结构和产业的调整与升级。数智社会展现的是一种超大规模、超级复杂的经济社会关系新形态。在此背景下，以往和当下时空中存续的知识与观念、制度与文化、器物与财富，以及社会生产、分配、交换、消费等各个环节，正在被数智技术加速“一体化”，社会结构乃至人们的思想观念都在朝着数智化方向加速演化。[二]

近年来，人工智能以超乎寻常的速度发展，由此推动一系列新兴数智科技实现迅猛且持续的变革。伴随我国数字经济和智能技术的蓬勃发展，数智社会的雏形已初步形成，一场前所未有的社会创新正在发生。越来越多的试验和崭新的探索，如未来社区、未来乡村、未来工厂等，正逐渐出现在人们的工作生活中，诸多未来生活场景正在迅速成为现实。[三]在数智社会的背景下，新的世界秩序和规则正在形成，人类再一次站在新的起点上。谁能把握新兴科技的演进和生产力的最新发展机遇，克服信息技术、智能技术和金融资本带来的新风险，提出应对人类共同

[一] HARARI Y N. 人类简史：从动物到上帝［M］. 林俊宏，译. 北京：中信出版集团，2017：45.

[二] 齐延平. 数智化社会的法律调控［J］. 社会科学文摘，2022（4）：4.

[三] 高世名. “数智社会”与21世纪社会主义文化领导力［J］. 文化纵横，2023（3）：22.

挑战的新方案，谁就能在新一轮科技革命和产业变革中迎难而上，勇立潮头。

2022 年以来，ChatGPT 掀起的新一轮人工智能浪潮席卷全球，由此推动了人工智能产业的爆炸式增长，其中，生成式人工智能这一分支的发展速度更是超乎寻常，迅速在应用端形成了强大的产业生态，主要涉及工具性应用、通用软件、行业软件和智能软件等。在短短几年之中，生成式人工智能不断在技术上取得重大突破，并且仍在快速进化，市场潜力巨大，发展前景广阔，具备无限可能性。然而，与此同时，人们对其技术风险和安全问题的担忧也在与日俱增。这一点也很好地解释了为什么在全球范围内各国强烈呼吁对生成式人工智能进行规范和治理。毋庸置疑的是，生成式人工智能在为各行各业带来发展新机遇的同时，也衍生出诸多已知和潜在的风险与挑战。数智社会背景下，生成式人工智能的技术风险治理已成为迫在眉睫的时代课题。

在生成式人工智能蓬勃发展的今天，本书尝试为社会公众了解和理解生成式人工智能提供一定的参考，并为生成式人工智能的技术风险及其治理提供一些思考和对策，以期能够给关注生成式人工智能的读者带来些许收获。在本书撰写和出版过程中，得到了机械工业出版社的宝贵建议和鼎力支持，在此致以诚挚的感谢。

由于人工智能技术的发展日新月异，加之作者水平有限，书中难免存在疏漏与不足之处，恳请广大读者给予批评指正。

作 者

目 录

Contents

第一章

生成式人工智能的底层逻辑与技术架构

生成式人工智能（Generative Artificial Intelligence）是一种基于机器学习，特别是深度学习技术，能够从数据中学习其模式和规律，进而生成全新的、具有一定创造性的内容（如文字、图片、音频、视频等）的人工智能系统。其核心在于通过构建复杂的模型结构，对海量数据进行学习和分析，捕捉数据的潜在特征和分布规律，进而生成满足用户需求的新内容，具有强大的内容生成能力，展现出颠覆性的人机交互模式。2025 年 1 月 17 日，中国互联网络信息中心（CNNIC）发布了第 55 次《中国互联网络发展状况统计报告》，该报告数据显示：截至 2024 年 12 月，我国超过 2.49 亿人表示使用过生成式人工智能产品，占全国人口的 17.7%。大约 3.31 亿人表示听说过生成式人工智能产品，占整体人口的 23.5%。生成式人工智能具有较为广泛的应用场景，用户主要利用其来解答问题，比例高达 77.6%；此外，作为办公助手的使用比例也高达 45.5%。[㊀]由此，生成式人工智能已经进入寻常百姓家，不仅深刻影响着

㊀ 中国互联网络信息中心．第 55 次《中国互联网络发展状况统计报告》［EB/OL］．（2025-01-17）［2025-04-25］．https://www.cnnic.net.cn/n4/2025/0117/c88-11229.html.

人们的生活方式、思维方式和价值观念，也在不断赋能千行百业和各个领域。虽然生成式人工智能的使用门槛较低，然而其技术门槛却很高，涉及复杂的技术架构和运行逻辑。接下来，我们将初步了解生成式人工智能的底层逻辑与技术架构。

第一节　机器学习

一、人工智能缘起

人工智能概念的缘起，可以追溯至1956年召开的达特茅斯会议。然而在此之前，不得不提到一个对日后人工智能发展具有重要影响的人物——艾伦·图灵。图灵在1950年发表的论文《计算机器与智能》中提出“图灵测试”。图灵测试的基本设定是，让一台机器和一个人分别处于两个不同的房间，测试者通过某种方式（如文字聊天）与他们进行交流。如果测试者在一段时间内无法分辨出与自己交流的对象究竟是机器还是人，那么就可以认为这台机器具有智能。1952年，图灵在BBC的一场广播中提出了一个新的更加具体的想法：让计算机来冒充人，如果判断正确的测试者不足70%，也就是超过30%的测试者误认为与自己交流的是人而不是计算机，那么就可以认为这台计算机具有智能。图灵测试自问世以来产生了巨大影响，为纪念图灵的贡献，计算机学界设立了“图灵奖”，该奖被称为“计算机界的诺贝尔奖”，图灵也因此被冠以“人工智能之父”的称号。[㊀]此后的很长一段时间里，“图灵测试”成为判断机器是否具有智能的重要标准之一。尽管图灵测试的内容和标准饱受争议，但它为人工智能的后续发展提供了一个开放性的思考框架，即强调智能

㊀ 范磊，黄志坚，杨永强，等. 奇点到来：AIGC引爆增长新范式［M］. 北京：清华大学出版社，2024：3.

的外化呈现与实用功能，关键在于机器能否像人一样进行自然流畅的对话交流。这一框架为判断机器是否具有智能提供了一个具有可操作性的实验范式，推动了人工智能后续的研究和发展，具有重要的里程碑意义。1956 年召开的长达两个月的达特茅斯会议上，虽然麦卡锡、明斯基、赛弗里奇、纽厄尔、西蒙和香农等重量级参与者并未达成普遍共识，但他们的讨论和思想碰撞为人工智能奠定了理论基础，使得这次人工智能夏季研讨会成为人工智能元年的标志性起点。

此后，人工智能领域掀起第一波发展高峰，思路与方法各异，以符号主义、连接主义和行为主义为主要流派。20 世纪 60 年代末至 70 年代初，以感知机与专家系统的出现为标志，人们看到人工智能的初步具体应用所产生的深远影响，进而致力于推进人工智能由理论研究向实践应用迈进。1962 年，弗兰克·罗森布拉特出版了《神经动力学原理：感知机与脑机制理论》，介绍了一种针对单层可变权重神经网络模型的学习算法，成为现代深度学习的前身。同年，大卫·休伯尔和托斯腾·威塞尔发表了《猫视觉皮层的感受野、双眼交互作用及功能结构》，首次报道了通过微电极记录的单个神经元的反应特性，指明深度学习的架构与视觉皮层的层级结构类似。1969 年，马文·明斯基和西摩·佩珀特出版了《感知机》，指出单个人工神经元的计算局限性，标志着神经网络“寒冬”的开端。[⊖]第二波发展高峰出现在 20 世纪 80 年代末 90 年代初，1987 年，第一次神经网络国际会议掀起了神经网络研究的热潮，促进其快速发展，出现语音识别、机器翻译等系列研究项目。人工智能的第三次发展出现于 21 世纪，而且这一热潮至今仍未消退。这主要得益于深度学习技术的出现，解决了神经网络学习过程中的梯度消失、梯度爆炸等一系列难题，深度学习的网络深层结构能够自动提取并表征复杂特征，克服了传统方法中通过人工提取特征的局限，让公众尤其是

⊖ SEJNOWSKI T J. The deep learning revolution [M]. Cambridge: The MIT Press, 2018: 1.

非专业人员真切感受到人工智能的强大威力。这使得人工智能在商业市场上备受追捧，创业公司层出不穷，投资者蜂拥而至。[一]由此观之，人工智能经历的三次发展浪潮都源于底层算法的革命性突破，而推动一轮又一轮新进展的关键是大量数据。数据如同石油，学习算法则如同炼油厂，从原始数据中提取信息，信息又可用于创造知识，知识带来理解，理解最终产生智慧。[二]

二、机器学习的历史嬗变

一般而言，我们认为学习行为乃人类独有，其实，机器学习的灵感也正是来源于此。机器学习是一个广义概念，属于人工智能的分支领域之一，是多种算法的统称，与统计学、优化理论、信息论等学科息息相关。它使计算机无需显式编程即可自主学习，主要依赖于计算机和人工智能领域的重大进步，尤其是数据处理和算法优化等技术的突破。换言之，机器学习的相关研究是通过构建一套特殊算法（而非某一个特定的算法），能够让计算机自己在数据中学习并做出预测。[三]也就是说，机器学习是指用数据训练机器，使其理解数据、发现模式和规律，并利用这些规律进行预测或决策，从而能够从数据中自主学习并提升性能。强化学习是机器学习的一个分支领域，强调智能体如何在环境中采取一系列行动，通过最小化惩罚和最大化奖励，从而找到最优策略。智能体通过与环境进行交互，根据环境反馈的奖励信号来调整自己的行为策略。深度学习则是机器学习的重要分支之一，其基于人工神经网络（特别是深度神经网络），通过构建具有多层模型来自主学习数据的特征表示，涉及数学、计算机科学与神经科学等多学科知识。由于网络层数较多，深度

[一] 范磊，黄志坚，杨永强，等．奇点到来：AIGC 引爆增长新范式［M］．北京：清华大学出版社，2024：9-12.

[二] SEJNOWSKI T J. The deep learning revolution［M］. Cambridge：The MIT Press，2018：3.

[三] 范磊，黄志坚，杨永强，等．奇点到来：AIGC 引爆增长新范式［M］．北京：清华大学出版社，2024：9-12，134.

学习能够学习到数据中更复杂、更抽象的特征。深度学习能够自动执行大部分特征提取过程，减少人工干预，并支持更大规模的数据集。而常规的机器学习更依赖人工干预，需要人类专家定义特征，以区分数据输入，通常需要高度结构化的数据。[㊀]机器学习、强化学习和深度学习在数据依赖、模型结构、学习过程、应用场景等方面存在显著差异。而机器学习的发展演进与人工智能的技术突破几乎同步，大体经历以下几个主要阶段。

第一阶段是20世纪50年代至70年代，机器学习的起源可以追溯至20世纪50年代人工智能诞生之时，当时关于人工智能如何创建存在两种截然不同的观点：一种观点认为创建人工智能需要基于逻辑和计算程序，这种观点主导了人工智能领域数十年；另一种观点主张通过数据驱动的方法进行学习，这种方法走向成熟则经历了更长的时间。这一阶段尽管关于机器学习仁者见仁智者见智，众说纷纭，然而其在这一时期的鲜明特征体现为推理，也就是说，专家学者普遍认为只要为机器赋予逻辑推理能力，它就能够具备智能。这一时期的代表性成果是卡内基梅隆大学的两位计算机科学家艾伦·纽厄尔和赫伯特·西蒙在1955年编写的一个名为“逻辑理论家”（Logic Theorist）的计算机程序，该程序能够证明阿尔弗雷德·诺思·怀特海和伯特兰·罗素共同撰写的《数学原理》中的逻辑定理，而《数学原理》又旨在将所有数学知识系统化。[㊁]然而，随着研究不断取得新进展，人们逐渐认识到，仅仅具备逻辑推理能力是无法实现人工智能的。要使机器具备智能，必须使其拥有知识[㊂]。

由此，知识自然而然成为第二阶段即20世纪七八十年代的核心关键词，在此期间大量专家系统相继问世，备受追捧。但是，人工将大量知

㊀ 范磊，黄志坚，杨永强，等．奇点到来：AIGC引爆增长新范式［M］．北京：清华大学出版社，2024：134.

㊁ SEJNOWSKI T J. The deep learning revolution［M］. Cambridge：The MIT Press，2018：3-4，31.

㊂ 范磊，黄志坚，杨永强，等．奇点到来：AIGC引爆增长新范式［M］．北京：清华大学出版社，2024：134.

识梳理总结之后再“喂养”给机器不仅十分困难，而且代价巨大，因此专家系统发展到一定程度之后就会面临知识获取的瓶颈问题。正是在这一背景下，有学者提出让机器自主学习知识的想法。㊀

20 世纪八九十年代机器学习进入第三个阶段——归纳学习。尽管在这一时期人们对大脑有了更多的了解，而且这些知识在生物学领域之外也得到了广泛传播。但对于这一阶段的人工智能研究人员来讲，他们的主要目标已经不是更多地、更深入地了解人类大脑，而是编写一个能够模拟大脑功能的程序。㊁由此催生了这一时期的主流技术如符号主义的“从样例中学习”和连接主义的神经网络。

三、机器学习、深度学习与强化学习

机器学习之父汤姆·米切尔在其 1997 年出版的经典著作《机器学习》中给出一个有关机器学习的众所周知的定义：“对于某类任务 T 和性能度量 P，如果一个计算机程序在 T 上以 P 衡量的性能随着经验 E 而自我完善，那么我们称这个计算机程序从经验 E 中学习。”㊂而在伊恩·古德费洛、约书亚·本吉奥和亚伦·库尔维尔的《深度学习》中，则共同指出机器学习本质上属于应用统计学，更多地关注如何用计算机统计性地估计复杂函数，而不太关注为这些函数提供置信区间㊃。米切尔此前对机器学习的定义难以涵盖后者，因为他更侧重于执行任务、性能度量、经验分析、优化过程等具体组成部分，但并未规定在实践应用中具体如何实现。《深度学习》中对机器学习的定义要宽泛得多，它强调对

㊀ 范磊，黄志坚，杨永强，等．奇点到来：AIGC 引爆增长新范式［M］. 北京：清华大学出版社，2024：134.

㊁ SEJNOWSKI T J. The deep learning revolution［M］. Cambridge：The MIT Press，2018：32.

㊂ 范磊，黄志坚，杨永强，等．奇点到来：AIGC 引爆增长新范式［M］. 北京：清华大学出版社，2024：135.

㊃ GOODFELLOW I，BENGIO Y，COURVILLE A. Deep Learning［M］. Cambridge：The MIT Press，2016：12-16.

计算机能力的利用，而不再注重传统的统计学概念置信区间。机器学习本质上就是各种算法，总体上可以分为有监督学习、无监督学习和强化学习。有监督学习需要使用标记好的数据来训练模型，以便模型能够预测新数据的标签或值。简言之，就是让机器学习数据的规律，使它可以自动地对新数据进行分类或预测。无监督学习不需要使用标记好的数据来训练模型，而是通过对数据进行统计分析、聚类、降维等操作，来挖掘数据中的隐藏结构和模式。它比有监督学习更具有灵活性和可扩展性，减少对人工干预的依赖，能够在数据探索、预处理等各个环节发挥重要作用。当然，无监督学习也并非完美无缺，由于缺乏人工标记和示例，无监督学习的效果通常不如有监督学习，但因为不依赖人工标记，所以其能够使用更大规模的数据。强化学习中，模型不需要预先学习如何处理输入数据，而是通过与环境交互来学习如何做出正确决策。强化学习通常会使用价值函数、策略网络和 Q-learning 等算法来进行决策。它相较于有监督学习和无监督学习，更适合处理动态环境下的决策问题，例如自动驾驶、游戏智能等。因此，它的应用也非常广泛，能够帮助人们解决很多实际问题，例如优化调度、资源管理和金融交易等。[一]

深度学习在以往机器学习的基础上，以使机器能够像人一样具有分析学习的能力作为目标，进而对文字、图像和音频等数据进行识别。[二]从技术原理层面而言，深度学习与传统的机器学习并不存在本质区别，它们都是在高维空间中，根据对象特征，将不同类别的对象区分开来，然而，深度学习的模型复杂度与特征提取能力远远超出传统意义上的机器学习。深度学习就是将计算机要学习的内容看成一大堆数据，并且把这些数据丢进一个复杂的、包含多个层级的数据处理网络（深度神经网

㊀ 范磊，黄志坚，杨永强，等．奇点到来：AIGC 引爆增长新范式［M］．北京：清华大学出版社，2024：135-137.

㊁ 范磊，黄志坚，杨永强，等．奇点到来：AIGC 引爆增长新范式［M］．北京：清华大学出版社，2024：138-146.

络)，再检查经过这个网络处理得到的结果数据是否符合要求，如果符合，就保留这个网络作为目标模型，如果不符合，就循环往复、持续优化网络的参数设置，直到输出数据满足要求为止。由此，深度学习背后蕴含着一种深刻的目的论思想，但目的论意味着忽略中间过程的解释性。即便一个深度学习模型已经被训练地足够“聪明”，可以帮助人们很好地解决某些特定领域中的问题，但人们通常只知道深度学习模型是否工作，却很难说出模型中某个参数的取值与最终模型的性能表现之间究竟存在着怎样的因果关联。深度学习虽然可以帮助人们高效地完成某些任务或工作，但其内部存在太多难以解释和理解的“黑箱”。截至目前，已经出现一些可视化工具，能够帮助人们在一定程度上“看见”深度学习在进行大规模运算时的运行过程。谷歌著名的深度学习框架TensorFlow 就提供了一个网页版的小工具，用人们易于观察和理解的图示，画出正在进行深度学习运算的整个网络的实时状态。㊀

深度学习的应用场景涉及驾驶、翻译、倾听、诊断、创业、法律知识、桥牌、象棋等诸多具体领域，在应用过程中还涉及学习方法、智能提升以及市场适应性等普遍问题。深度学习能够被训练完成某些领域的任务，但也受限于训练者的想象力和可用数据的质量和规模。如今，开发基于深度学习的产品和服务仍然需要熟练且经过严格训练的专业人员，但伴随计算成本的持续大幅下降和软件自动化程度的快速提升，未来可能会出现高中生开发的人工智能应用程序。㊁随着深度学习的广泛普及和应用，其经济成本和技术门槛在不断降低，而且反过来也会进一步推动此项新技术的普及与应用。例如，当机器的国际象棋水平远远超越人类最优秀的棋手时，会使人类彻底放弃这项游戏或比赛吗？事实截然相反，它不仅提高了人类的棋艺，也更加提升了这项游戏的普及程度。以往，

㊀ 李开复，王咏刚．人工智能［M］．北京：文化发展出版社，2017：77-88.

㊁ SEJNOWSKI T J. The deep learning revolution［M］. Cambridge：The MIT Press，2018：24-25.

最优秀的棋手大多来自大城市，因为那里有最优秀的国际象棋大师，可以指导这些年轻棋手不断进步。而如今，人工智能国际象棋程序使得在挪威一个小镇长大的马格努斯·卡尔森在 13 岁时就成为国际象棋大师，并且他现在已经成为世界国际象棋冠军。人工智能的魅力不仅仅局限于技术领域，在艺术、科学、文学等诸多领域中，它的表现也令人赞叹，并且在不断使人类变得更加智慧和富有创造力。[㊀]

实际上，深度学习革命不是一蹴而就的，而是由人类智能与人工智能的双向互动塑造的。人类智能的自然进化历经数百万年，而人工智能的发展却是以数十年为单位来衡量的。在此期间，由基于符号、逻辑和规则的人工智能转变为基于大数据和学习算法的深度学习经历了大约半个世纪的嬗变。例如，计算机视觉经过长达 50 年的发展才达到人类的水平，在此期间计算机的计算能力需要提升 100 万倍。人们认为编写计算机视觉程序很容易，这种错误的直觉源于我们认为人类很容易就能做到的一些事情，比如看、听和四处移动，但这些能力是人类经过数百万年的进化才逐渐具备的。而基于神经网络的研究方法经过 25 年左右的发展才在视觉、语音和语言领域实现实际应用。如果将这 25 年与百万年相比，真可谓弹指一挥间。那么，为什么在 20 多年后，计算机在视觉领域才实现质的突破呢？这主要是因为在视觉皮层内，神经元是按层次排列的。随着感觉信息在皮层各层之间不断转换，对世界的表征才逐渐抽象化。几十年来，随着神经网络模型中层数的增加，其性能不断提升，最终达到一个关键的阈值，使人们解决了在 20 世纪 80 年代曾经渴望解决的问题。深度学习实现了寻找区分图像中不同物体的关键特征这一过程的自动化，这也是为什么如今的计算机视觉比几年前强大得多的重要原因。2016 年，计算机的速度和最初相比提升了 100 万倍，计算机内存从 MB 增加到 TB，增长了 100 万倍。现在可以模拟拥有数百万个单元和数

㊀ SEJNOWSKI T J. The deep learning revolution [M]. Cambridge: The MIT Press, 2018: 25.

十亿个连接的神经网络，而 20 世纪 80 年代的神经网络只有数百个单元和数千个连接。尽管按照人类大脑的标准（人类大脑有一千亿个神经元和一百万亿个突触连接），如今的神经网络仍然规模较小，但它们已经足够强大，而且已经在特定领域内（特别是属于确定性知识的领域）展现出强大功能。[㊀]机器学习、深度学习与强化学习对比详见表 1-1。

表 1-1 机器学习、深度学习与强化学习对比

对比项	机器学习	深度学习	强化学习
定义	通过经验（E）在任务（T）上提升性能（P），关注算法自我优化的过程	机器学习的分支，使用多层神经网络自动学习数据特征，属于应用统计学的一种形式	通过与环境交互获取奖励信号，学习动态决策策略，属于机器学习的一种范式
核心方法	监督学习（SVM、决策树）、无监督学习（聚类、降维）等	深度神经网络（CNN、RNN、Transformer）等	价值函数、策略网络等
数据需求	监督学习依赖标注数据，无监督学习可处理无标签数据	需大规模非结构化数据（如图像、文本）	无须标注数据，依赖奖励函数设计的交互数据
应用场景	分类（垃圾邮件识别）、回归（房价预测）、聚类（客户分群）	图像识别（人脸识别）、自然语言处理（机器翻译）、语音合成	动态决策（自动驾驶）、游戏 AI（AlphaGo）、资源优化（库存管理）
优点	可解释性强，适用于小规模结构化数据	自动特征提取，复杂任务处理能力突出（如图像分类）	适应动态环境，长期目标优化（如策略规划）
缺点	依赖人工特征工程，高维数据处理能力有限	“黑箱”特性显著，训练成本高（需 GPU/TPU）	奖励函数设计复杂，训练周期长（需大量试错）

㊀ SEJNOWSKI T J. The deep learning revolution [M]. Cambridge: The MIT Press, 2018: 34-35.

第二节 大 数 据

一、何为大数据？

大数据构成了生成式人工智能的基石。目前，大多数生成式人工智能模型在很大程度上依赖大数据，通过深度学习和强化学习进行训练。根据马丁·希尔伯特的观点，大数据是指由于信息交换、信息存储和信息处理等能力的显著提升所生成的数据[一]。在数字化信息爆炸式增长的背景下，每个参与信息交换的节点都可以在短时间内接收并存储大量数据。这是大数据得以积累和持续增长的重要条件。在信息存储方面，如今全球的信息存储能力大约每 3 年翻一番。从 1986 年至 2007 年的二十年间，全球信息存储能力增长了约 120 倍，所存储信息的数字化程度也从 1986 年的约 1%增长到 2007 年的约 94%。在具备海量信息的获取、存储能力之后，还必须具备对这些信息进行整理、加工和分析的能力。[二]

今天，大数据依然在生成式人工智能中占有重要地位，并发挥着前所未有的作用。大数据与此前的小数据相比，有何不同呢？早在 1980 年，著名的未来学家托夫勒在《第三次浪潮》中就热情地将“大数据”誉为“第三次浪潮的华彩乐章”。[三]2011 年，麦卡锡全球研究所在《大数据：创新、竞争和生产力的下一个前沿领域》报告中指出大数据具备三个特征，即 Volume（体量大）、Variety（多样化）、Velocity（速度快）。维克托·迈尔-舍恩伯格与肯尼斯·库克耶则将大数据的特征概括为 4V，即 Volume（体量大）、Velocity（速度快）、Variety（多样化）、

[一] HILBERT M. Big data for development：a review of promises and challenges［J］. Development policy review，2016，34（1）：135-174.

[二] 李开复，王咏刚．人工智能［M］．北京：文化发展出版社，2017：88-89.

[三] 陶丹．大数据“ABC”［J］．中国记者，2014（3）：99-100.

Value（低价值密度）。再后来，还有学者提出5V、7V的说法。㊀由此，大数据之“大”集中体现在规模、体量、速度、类型以及效用等方面。

二、大数据与机器学习

大数据不仅体量巨大，而且具有巨大的潜在价值。大数据虽然越来越多地来源于生产或服务过程的副产品，但其价值往往超过了为特定目的而专门采集的数据。如果对海量数据进行深入挖掘，会发现这些数据时常具有非常高的专业价值。大数据深刻改变了人们的思维方式和生产生活方式，不仅能够实时获取，而且还能取代传统的抽样调查方式。它常常整合了多个数据源的多维度信息，因此，聚合更多数据源，增加数据维度，成为挖掘大数据价值的最佳途径。㊁在有些情况下获得的大量数据，是由充满热情的游戏极客收集和整理的。在其他情况下，学术研究人员和调研公司会构建出全面且标注良好的数据集。此外，研究人员找到了自己创造数据的方法。例如，塞巴斯蒂安·特伦及其斯坦福大学的团队利用一辆装有传感器的汽车，来为他们的地形检测分类器收集训练数据。玩雅达利游戏的神经网络在“街机学习环境”中进行了数百万局游戏，以收集提高游戏者技能所需的数据。阿尔法围棋、《刀塔2》（DOTA 2）机器人以及双陆棋程序的开发者通过程序自我对弈，从而生成自己的训练数据。㊂

由此，大数据的价值在于数据的收集、整理、分析以及在此基础上的智能生成和智能决策。大数据需要通过机器学习的大模型，才能充分发挥其价值和作用。因为机器学习可以从大数据中挖掘出难以想象的有价值的信息、知识和规律。那么，机器如何从数据中学习呢？其学习方

㊀ 即Volume（体量大）、Variety（多样化）、Velocity（速度快）、Veracity（真实性）、Value（低价值密度）、Variability（变异性）、Visualization（可视性）等。

㊁ 李开复，王咏刚．人工智能［M］．北京：文化发展出版社，2017：90-92.

㊂ GERRISH S. How smart machines think［M］. Cambridge：The MIT Press，2018：265.

法主要包括映射和推理。映射即机器通过学习输入对（X,Y）来生成输出 $Y=F(X)$。采用（X,Y）映射来训练机器（神经网络，或者在深度学习的情况下，就是训练多层网络）。如果输入 X，则输出 Y，如果输出不是 Y，则调整模型参数，这就叫训练。训练结束后，当给机器一个新的 X 时，它可以预测对应的 Y[㊀]。在此，X 没有任何限制，可以是数据、文本、图像、音频等，映射过程通过算法实现。这种学习方法不需要机器具备专业领域知识，无须机器理解问题或对环境有所感知，甚至不需要机器回答问题（这也意味着必然存在无法解释机器产生 Y 的具体原因的现象，即算法黑箱）。而推理方法的目的在于使机器具有强大的人工智能，并期望其能够处理各种任务，就像人类具有能够解决常见问题的能力一样。这种方法强调直觉，因为它试图培养机器像人类一样思考，需要机器理解问题、解决问题，并给出答案。目前机器学习的主要方法是基于映射，而非推理，来实现预期结果。因为推理的方法对于机器学习而言，更加复杂且困难。这种学习方式不仅要求机器能够从历史经验中学习，还要能够从直觉和常识中学习。而直觉和常识虽然看似简单，实际上对机器来说很难掌握，尤其是在使用数据映射方法进行学习之时。[㊁]

第三节　对抗学习机制

一、何为对抗学习?

对抗学习的方法论灵感源于博弈论，特别是零和博弈状态，其中一方的损失等于另一方的收益，是一种通过引入对抗样本和对抗训练来提

㊀ LEWIS T G，DENNING P J. Learning machine learning［J］. Communications of the ACM，2018，61（12）：24-27.

㊁ RUST R T，黄明蕙 . 情感经济：人工智能颠覆性变革与人类未来［M］. 彭相珍，译 . 北京：中译出版社，2022：76，228-239.

升机器学习模型性能的机制。与许多实用性技术类似，在 ImageNet 数据集上训练的分类网络可能比较脆弱。因为机器学习不仅会面临安全性考验，还可能遭遇黑客攻击等安全性问题，从而干扰机器学习系统输出正确结果。对抗样本（Adversarial Example）这类特殊样本通常是将真实样本添加扰动之后合成的新样本，是由深度神经网络的输入数据和人工精心设计的噪声合成的，虽然人类视觉系统不会将其识别为错误，然而在对抗数据面前，深度神经网络可能会轻易受到它的迷惑。机器学习作为一个复杂的计算机系统，大多数情况下都是在理想条件下运行的，很少关注异常值；然而有研究人员发现，一些研究假设模型在恶劣条件下运行，而对抗样本可能使机器学习模型输出错误的结果。深度神经网络对于对抗样本的判错率非常高，这也就意味着深度神经网络在遭遇对抗样本的时候，时常失效。对抗样本无疑制约着机器学习的进一步发展，因此，提升神经网络的对抗鲁棒性（抵御对抗样本的能力）变得尤为重要。由此，如何构建对抗攻击（如何更有效地生成对抗样本）与对抗防御（针对对抗样本提供更有效的防御）的相关研究领域即称为对抗机器学习（Adversarial Machine Learning）。㊀对抗学习是一个机器学习与计算机安全密切相关的重要领域，只有通过对抗学习，才能产生更有效的对抗样本，提升神经网络的有效性和准确性，生成真实且准确的结果。对抗学习如今被广泛应用于医疗、金融、安防、自动驾驶、图像识别、人脸识别、目标检测、验证码生成和音频文本识别等领域。

二、对抗学习原理

2013 年，克里斯蒂安·赛格迪等人发现，在图像分类等任务中，对输入样本添加一些精心构造的、人眼几乎无法察觉的微小扰动，就可以

㊀ 数据科学应用研究院．一文读懂对抗学习！5 千字精炼提干［EB/OL］．（2021-03-25）［2025-01-21］．https://zhuanlan.zhihu.com/p/359496110.

使神经网络产生“差之毫厘，谬以千里”的错误分类结果。例如，原本被正确分类为熊猫的图像，经过添加特定的人工扰动之后，会被模型错误地分类为长臂猿，而且这种扰动在不同模型之间具有一定的迁移性。这一发现揭示了神经网络在安全性和鲁棒性方面存在严重缺陷，由此引发学界和业界对对抗学习的广泛关注和深度研究。

赛格迪及其团队研究并提出了多种对抗样本的生成方法，如快速梯度符号法（FGSM）、基本迭代法（BIM）和基于雅可比矩阵的显著性图攻击（JSMA）等。根据不同的标准，对抗攻击可以分为以下几类：假正性攻击（False Positive）与假负性攻击（False Negative）、白盒攻击（White Box）与黑盒攻击（Black Box）、有目标攻击（Target Attack）和无目标攻击（Non-target Attack）、单步攻击（One-time Attack）和迭代攻击（Iteration Attack）、个体攻击（Individual Attack）和普适性攻击（Universal Attack）等[㊀]。

正所谓“道高一尺，魔高一丈”，基于对抗样本及其生成方法的发现，赛格迪进一步推动了对抗训练理论的发展。对抗样本通过对抗训练和数据增强两种方式被纳入训练过程之中，对对抗攻击进行防御。对抗训练如同进行猫捉老鼠的游戏，即在模型训练过程中，将对抗样本作为额外训练数据，让模型学习如何应对这些干扰，从而提升模型的安全性和鲁棒性，可以帮助模型更好地泛化，并识别、适应数据结构，从而提高稳健性。与此同时，对抗训练还能发现模型的不足与弱点，并提供改进模型的指导方案。由此，对抗训练对于模型的调整和优化至关重要。

对抗训练的基本思路就是在网络训练过程中不断生成并且学习对抗样本，也就是在每次训练迭代中，首先生成当前样本的对抗样本，然后将原始样本和对抗样本一起输入到模型中进行训练，根据最大最小公式，

㊀ YUAN X Y，HE P，ZHU Q L，et al. Adversarial examples：attacks and defenses for deep learning［J］. IEEE transactions on neural networks and learning systems，2019，30（9）：2805-2824.

在内层通过最大化损失函数来寻找对抗样本，然后在外层通过最小化损失函数来学习对抗样本，进而更新模型参数。经过对抗训练后的模型能够更好地适应现实世界中的数据变化（包括人为噪声和干扰），从而提高其性能的稳定性和泛化能力，减小被对抗样本攻击的风险。

数据增强作为防御策略之一，是一种被广泛用于提升模型性能的简单而有效的实践方法。其基本思路是将对抗样本引入训练数据，然后在增强数据上训练模型，经过训练之后的模型能够准确地预测原始样本和对抗样本的类标签，从而使其对数据变化更加敏感，确保结果准确性更高。因为模型被攻击本质上可以看成模型在训练数据上的过拟合。对于一个模型，可以将训练数据与对抗样本共同作为训练集，以增强模型的泛化能力。这种方法的局限是，训练需要大量的对抗样本，然而最终的模型仍可能受到新的对抗样本攻击。

由上述分析可知，神经网络易于受到攻击的脆弱性并不是某一种或某几种类型模型所出现的特殊状况，而是机器学习领域普遍具有的共性缺陷。

三、生成对抗网络

生成对抗网络（GAN）是对抗学习中最典型的技术之一，它由两部分组成，即生成器和判别器。简言之，生成器模型是联合分布，而判别器模型是条件分布。假设有一个训练数据集 (X,Y)，其中 X 是属性的集合，Y 是类别标记。当遇到一个新的样本 X'时，目标是预测它的类别 Y'，也就是计算最大的条件概率 $P(Y' \mid X')$。生成器的做法是为每个类别建立一个模型，例如对于类别标签 {汽车，狗，鸟}，将先学习汽车的特征并建立汽车的模型，然后学习狗的特征并建立狗的模型，最后计算新样本 X'与三个类别的联合概率 $P(X',Y')$，并根据贝叶斯公式计算条件概率 $P(Y' \mid X')$，进而选择最大的概率作为样本的分类。生成器为每个类别建立一个模型，因此能够更好地反映训练数据本身的分布状况，可以学习到同类数据的相似度等，模型表达能力更加具有综合性。而判别器的做法是根据训练数据得到分类函数或分界面，例如使用 SVM 模型得到一个分界面，然后直接计算条件概率 $P(Y' \mid X')$，并选择最大的概率作为样本的分类。判别器是基于条件概率建模的，学习不同类别之间的最佳边界，无法反映训练数据本身的分布情况，只能告诉我们分类的类别。[㊀]

生成器和判别器的共同点在于，在分类任务中，它们的判断都是基于条件概率 $P(Y' \mid X')$。区别在于，生成器首先计算联合概率 $P(X',Y')$，然后使用贝叶斯公式转换为条件概率。因此，生成器通过直接建模联合概率密度分布 $P(X',Y')$ 反映同类数据本身的相似度，可以反映更多数据本身的分布信息，更具普适性。但缺点在于成本较高，需要的数据量庞大。同时，生成器的推理性能较差。而判别器直接建模决策函数 $Y'=F(X')$ 或者条件概率 $P(Y' \mid X')$，其优势在于可以找到不同类别之间的最优分界面，从而反映异类数据之间的差异，因此在直接预测任务中通常具有更高的准确度。但其不足之处在于没有考虑训练数据自身分布的特点，因为它只关注到不同类别之间的分界面。而且，判别器学习成本较低，需要的计算资源和样本数量也相对较少。[㊁]

由此可见，生成对抗网络就是生成器和判别器之间的博弈，在模型训练过程中，二者始终处于一种动态平衡之中，旨在通过训练两个神经网络来生成与训练数据相似的新数据。生成器负责将随机噪声转换成观测，并让这些观测看起来很像是原始数据集中的采样；而判别器则负责预测观测是来自原始数据集，还是生成器的伪造品。也就是说，生成器试图生成看起来与真实样本一样的数据样本，而判别器模型试图区分

㊀ 范磊，黄志坚，杨永强，等．奇点到来：AIGC 引爆增长新范式［M］. 北京：清华大学出版社，2024：137-138.

㊁ 范磊，黄志坚，杨永强，等．奇点到来：AIGC 引爆增长新范式［M］. 北京：清华大学出版社，2024：138.

真实样本和生成样本。这两个神经网络同时进行训练，不断改进生成器的性能，使其生成的数据更加逼真。生成对抗网络的关键在于研究人员如何交替训练这两种神经网络，才能让生成器更加善于欺骗判别器，同时判别器能够通过调整保证其鉴别真伪的能力。这会迫使生成器找到欺骗判别器的新方法，从而推动这个过程不断循环往复，在二者相互竞争的过程中，不仅能够提升模型的性能，还可以使其更好地学习复杂的数据分布和特征。在一定条件下，生成器能够转换成判别器，但反之并不成立。因此，在实际应用中需要根据不同任务的特点选择合适的模型。[㊀]

第四节　大语言模型

大语言模型（Large Language Models，LLM）是基于深度学习架构（通常采用 Transformer 架构），通过海量数据训练得到的模型。大语言模型具有模型参数量大、训练数据大、计算量大、可微调性、生成能力强、涌现能力强，以及具备一定的泛化能力等特征。例如，GPT 的特征是“自回归”（Autoregressive），通过“预训练（Pretrain）+提示学习（Prompt Learning）”的方式，展现出强大的语言生成能力。生成式预训练和 Transformer 模型架构，通过自回归（Autoregressive）的方式来预测生成符合自然语言规律的文本。目前，GPT-4 可以轻松完成自然语言处理（NLP）领域的绝大部分任务，同时在计算机视觉、图形学习等领域也颇具发展潜力。[㊁]作为 GPT-3. 5 的升级版，研究人员在 GPT-4 中引入了基于人类反馈的强化学习（RLHF）、提示优化（Prompt

㊀ FOSTER D. 生成式深度学习［M］. 马晶慧，译. 北京：中国电力出版社，2021：111-112.

㊁ 严驰. GPT4 发展中的若干问题及其规制方案［J］. 信息安全研究，2023，9（6）：510-517.

Tuning)、思想链（Chain of Thought，CoT）等新技术。人机交互是生成式人工智能发展中的重要表现形式，也是人机融合发展的关键。GPT-4 正是通过源源不断的用户反馈数据“反哺”模型，实现性能的进一步优化和提升。[㊀]但大语言模型也并非无所不能。其原理是对大规模语料进行规则归纳，并无主动思考能力，超出设定的对话长度或重启会发生语义丢失，也无法克服训练数据中的固有偏见、推理能力不强及模型鲁棒性较差等缺陷。[㊁]

一、自回归模型

自回归模型（Autoregressive Model，ARM）是一种统计上处理时间序列的方法，它基于过去的观测值，来预测时间序列数据的未来值，属于一种线性模型。该模型通过将数据的联合分布分解为条件概率的乘积，利用同一变量 x 的前 $t-1$ 个值 x_1，x_2，…，x_{t-1}来预测第 t 个变量 x_t的值，并假设这 t 个变量为线性关系。因为这是从回归分析发展而来，只是不用 x 预测 y，而是用 x 预测 x，所以叫作自回归。在深度学习中，自回归模型通常采用递归神经网络（RNN）来生成和处理序列数据，如文本、音频和图像等。由于自回归模型能够有效捕捉数据中的结构和相关性，因此它在处理序列数据和生成任务中发挥着重要作用。[㊂]虽然 ARM 是有效的密度估计器，但抽样却是一个连续、耗时的过程，尤其对于高维数据而言更是如此。[㊃]

㊀ 王晓丽，严驰．生成式 AI 大模型的风险问题与规制进路：以 GPT-4 为例［J/OL］．（2023-10-12）［2025-01-22］．https://doi. org/10. 13766/j. bhsk. 1008-2204. 2023. 0535.

㊁ 范磊，黄志坚，杨永强，等．奇点到来：AIGC 引爆增长新范式［M］．北京：清华大学出版社，2024：181.

㊂ 数据科学人工智能．ModelCube 阅读列表 | 自回归模型［EB/OL］．（2024-04-16）［2025-01-22］．https://zhuanlan. zhihu. com/p/692846294.

㊃ 杨灵，张至隆，张文涛，等．扩散模型：生成式 AI 模型的理论、应用与代码实践［M］．北京：电子工业出版社，2023：112-113.

二、生成式预训练

前面我们提及有监督学习，其实无监督学习也是机器学习的重要方法之一。与有监督学习不同，无监督学习在模型训练过程中使用的数据集没有明确的标签或目标值，而是让算法自动从数据中发现潜在的结构、模式或关系。而预训练技术又是无监督学习的方法之一，它利用大规模无标注数据集进行初步训练，使模型获得数据通用的特征和模式，然后针对具体的下游任务，使用少量的特定任务数据对模型进行微调，以适应不同的应用需求，提升模型的性能。预训练技术的发展经历了从词向量模型到语言模型，再到 Transformer 模型和大规模预训练模型的演进过程。[㊀]预训练技术的主要类型包括无监督预训练的生成式预训练、对比式预训练以及自监督预训练等。

三、自注意力机制

自注意力机制的使用，是 GPT 具有强大生成能力的重要原因之一。任何个体的注意力都是有限的，无论是浏览图片、视频，还是阅读文字，总是选择性地关注整体中的部分内容，而忽略其他内容。这是人类在长期进化过程中形成的一种生存机制。而在人工智能领域，注意力象征一种权重，在理解文本或图片信息时，模型会像人类大脑一样对认知有重要意义的内容赋予更高权重，而对不重要的内容赋予较低权重，如此就可以在不同的上下文情景中专注不同的信息，让模型更好地理解信息，同时还能降低信息处理的难度，提高最终结果的准确性。[㊁]

㊀ 杨灵，张至隆，张文涛，等. 扩散模型：生成式 AI 模型的理论、应用与代码实践［M］. 北京：电子工业出版社，2023：113.

㊁ 范磊，黄志坚，杨永强，等. 奇点到来：AIGC 引爆增长新范式［M］. 北京：清华大学出版社，2024：155.

四、微调

微调（Fine-tuning）是指在预训练的基础上，针对特定场景中的特定任务进行小幅调整，以使模型具备更好的性能表现。这一技术可以使模型在不重新训练的情况下，快速地适应新任务，并提升模型的准确性。微调技术通常用于深度学习模型在具体应用中的迁移学习（Transfer Learning）。迁移学习中，预训练模型在大规模数据基础上进行训练，学习到通用的特征表示，这些特征表示又可以被用于多个任务。微调通常是在一个较小的、与预训练模型类似的数据集上对模型进行调整，以适应特定的任务。微调的实施，通常只需要在少量的任务特定数据集上进行训练，并且训练时采用较小的学习率，以避免出现过拟合现象。经过微调后的模型可用于诸如文本分类、命名实体识别、情感分析等各种具体任务，性能也将得到极大提升。[㊀]

五、提示学习

大语言模型相较于此前的预训练模型的另一大优势在于它不再需要为每个任务定制模型，而是对所有任务训练一个预训练模型，然后针对下游任务进行定制微调。简言之，提示学习（Prompt Learning）就是通过一些方法编辑下游任务的输入，使其形式上模拟预训练过程使用的数据和任务。提示学习基于直接对文本概率建模的语言模型，训练模型接收输入 x 并将输出 y 预测为 $P(y \mid x)$。为了使用这些模型执行预测任务，使用模板将原始输入 x 修改为带有模板的文本字符串提示 x'。然后使用语言模型概率填充未填充信息以获得最终字符串 x'，从中可以导出最终输出 y。这种方法不仅功能强大而且具有很强的吸引力，因为它允许语

㊀ 杨灵，张至隆，张文涛，等．扩散模型：生成式 AI 模型的理论、应用与代码实践［M］．北京：电子工业出版社，2023：177.

言模型在大量原始文本上进行预训练，并且通过定义一个新的提示函数，该模型能够执行少样本甚至零样本学习，适应很少或没有标记数据的新场景。它的特点在于能够将预测任务转化为与预训练数据相似的形式，从而充分利用大语言模型在预训练中获取的数据和知识，使下游任务无需微调即可直接使用。如果在输入中再提供一个或几个示例，那么回复内容的质量将进一步提升，这被称为“语境学习”（In-context Learning）。指令微调（Instruction Tuning）属于提示学习的升级版，除了通过将输入 x 带上模板修改为 x'外，还需要构造“指令（Instruction）”来微调预训练大规模语言模型，使得大模型也能学习到人类的交互模式。如此可以大幅降低大模型的使用门槛，不再需要构造复杂的提示句子，而只需遵循人类的交互习惯。㊀

六、思维链

大语言模型之所以具备强大的智能涌现能力，关键在于基于逻辑推理的思维链。我们知道，对于一些复杂问题，尤其是复杂的推理题或数学题，大模型很难直接给出正确答案。思维链通过要求/提示模型在输出最终答案之前，显示输出逐步推理的各个步骤，从而增强大模型的算术、常识和推理能力，这种方法简单且高效。OpenAI 的科学家杰森·威提出了思维链的解决方案，他在谷歌工作期间主导推广了包括思维链在内的一系列大语言模型的关键方法。思维链是指在指令微调的时候插入一系列中间推理步骤，让模型以思维链的方式来求解问题或者进行逻辑推理。思维链的核心在于向大语言模型展示一些少量示例，并在示例中解释推理过程，这样大模型就会对其进行模仿，在回答提示时也会显示一系列推

㊀ 范磊，黄志坚，杨永强，等．奇点到来：AIGC 引爆增长新范式［M］. 北京：清华大学出版社，2024：184-186.

理的中间步骤。这种推理过程的解释往往会得出更准确的结果㊀，同时还提升了大模型推理的性能与可解释性。目前，思维链已成为大语言模型处理复杂任务的重要方法论之一。一个完整的思维链的提示（Prompt）往往由指令（Instruction）、逻辑依据（Rationale）和示例（Exemplars）三个部分组成。指令用于描述问题并且告知大模型的输出格式，逻辑依据即指思维链的中间推理过程，可以包含问题的解决方案、中间推理步骤以及与问题相关的任何外部知识，而示例则指以少样本的方式为大模型提供输入输出的基本格式，每一个示例都包含问题、推理过程与答案。思维链技术不仅可以用在小样本学习（称为 Few-Shot-CoT）中，而且还可以用在零样本学习中。小样本思维链需要在示例中详细描述“解题步骤”，模型才能“照猫画虎”获得推理能力。零样本思维链（Zero-Shot-CoT）仅通过添加一个指令“Let's think step by step”（让我们逐步思考），无需示例即可唤醒大模型的超强推理能力。㊁

思维链的优势在于：一是增强了大模型的推理能力，因为它驱使大模型关注解答过程；二是提升了大模型的可解释性，为模型推理提供解释，使普通公众了解大模型内部是如何运行的，也为研发人员调整优化模型提供了依据；三是有助于确保大模型的可控性，通过这些步骤的呈现，人们可以对大模型求解过程施加更准确的干预，及时进行调整和优化；四是由于思维链简单易用，且具有较强的普适性和灵活性，因此思维链可以广泛用于逻辑推理、符号推理和常识推理等。然而，如同任何技术与方法一样，思维链并不能使大模型所向披靡、完美无缺，依然有其自身诸多的局限性。首先，思维链的使用需要具备相应的条件，只有当模型规模足够大时才能发挥其作用。其次，思维链并非无所不能，其

㊀ 范磊，黄志坚，杨永强，等. 奇点到来：AIGC 引爆增长新范式［M］. 北京：清华大学出版社，2024：186-187.

㊁ AI 产品经理大群. 一文读懂：思维链 CoT（Chain of Thought）［EB/OL］.（2025-01-15）［2025-01-22］. https://zhuanlan. zhihu. com/p/670907685.

应用领域也是有限的。在数学问题、常识推理等方面具有显著作用，然而对于其他一些任务，比如机器翻译，其性能提升效果还有待评估。最后，思维链并非万无一失，也会犯错。事实上，大语言模型时常会出现错误推理，甚至是非常简单的计算错误，而且在有些大语言模型中，给出的答案并非完整的句子，而是存在明显的语病甚至错误。[㊀]

综上所述，大语言模型作为生成式人工智能的热门前沿领域之一，近几年在技术上快速取得一系列进展，在很大程度上推动了生成式人工智能的普及与推广。然而任何一项技术进步都是有代价的，再先进的技术也有其局限性。虽然上述各大模型和技术在多个领域都取得了初步成果，但实际应用过程中依然存在一系列现实问题。例如，模型大小、推理速度和推理能力依然是生成式人工智能的技术瓶颈。同时，预训练方法由于其自身局限性亟待突破，更先进的预训练方法需要被探索和发现。而且，伴随大模型参数量级的不断提升，大模型的极限正在不断被挑战和刷新。随着多模态学习的地位和作用日益突出，未来跨模态大模型的训练将需要更大体量和更高质量的数据来达到更理想的效果。[㊁]

㊀ AI 产品经理大群．一文读懂：思维链 CoT（Chain of Thought）［EB/OL］．（2025-01-15）［2025-01-22］．https://zhuanlan.zhihu.com/p/670907685.

㊁ 范磊，黄志坚，杨永强，等．奇点到来：AIGC 引爆增长新范式［M］．北京：清华大学出版社，2024：221.

第二章
生成式人工智能的应用场景与产业落地

生成式人工智能的诞生，毫无疑问是人工智能发展史上的又一重要里程碑，标志着人工智能的发展由分析数据、提供建议的“感知理解”范式转换为合成数据、生成结果的“生成创造”范式。这种范式转变看似在某个时间点突然完成，实际上却经历了相当漫长的量变累积阶段。从人工智能问世以来的近半个世纪左右的时间段里，受限于时代条件、技术水平、认知能力等主客观因素，人工智能生成内容仅仅局限于极小范围的技术实验。虽然在这一阶段规模有限，但积累了丰富而宝贵的技术经验，于 2010 年左右步入了从实验室走向实际应用探索的阶段，然而受限于技术条件等不成熟及存在诸多卡点和瓶颈，人工智能依然无法直接生成内容。在 2010 年之后，人工智能生成内容的相关技术进入快速发展阶段，尤其得益于深度学习算法的迅速更新迭代，人工智能生成的内容越来越丰富多样。生成式人工智能也由此引发人工智能领域前所未有的华丽蝶变。在今天，生成式人工智能可谓无处不在，很多人几乎每天都在使用它。截至目前，它已经被广泛应用于各个领域，例如内容生成、辅助决策、拟人交互，并在与各行各业相互融合的过程中引领产品和服务的技术创新等。那么，生成式人工智能究竟在当前发展到何种程度，取得了哪些质的突破，具备了哪些功能，又存在哪些缺陷与不足？接下来，我们继续探索生成式人工智能的应用场景与产业落地。在此需要说明的是，由于生成式人工智能发展异常迅猛，因此这部分内容的理论分析不可避免地带有一定的延迟性和滞后性。

第一节　内容生成

一、文本生成

如今，生成式人工智能可以生成内容丰富、形式多样的复杂文本，涵盖新闻报道、文学作品、文案创作、代码生成以及行业报告等多个方面。以 DeepSeek 为例，它能够在极短的时间生成结构严谨、内容丰富的文本，无论是新闻报道、广告文案还是工作汇报等都易如反掌。这种高效且高质量的文本输出，使得许多原本需要耗费大量时间和精力的写作任务变得轻而易举。在新闻写作方面，生成式人工智能能够依据实时采集的数据信息、事件动态以及既定的新闻撰写框架，快速生成结构完整、要素齐全的新闻稿件。例如，在 2024 年巴黎奥运会男子 100 米决赛的新闻报道中，中国移动咪咕自主研发的仝舟 AIGC 生产管线表现卓越。该系统与国际田联的官方计时系统直接对接，凭借其先进的算法和强大的数据处理能力，精准获取运动员的起跑反应时间、每 10 米分段成绩以及最终冲线成绩。同时，它还能从庞大的运动员个人资料数据库中，提取到决赛选手们过往的比赛数据、个人最好成绩、赛季最佳表现等关键信息。此外，该系统还通过网络爬虫技术实时抓取社交媒体上体育迷们的热议话题和精彩瞬间。在生成内容准确性方面，该系统通过对多源数据的交叉验证，确保报道内容准确无误。在描述冠军选手诺亚·莱尔斯的起跑反应时间为 0.103 秒时，不仅与官方计时系统数据一致，还对比了该选手过往的起跑数据，得出“这一数据在其职业生涯中处于顶尖水平”的结论。从比赛过程来看，枪响后，八名选手起跑反应用时接近，前程牙买加选手基沙恩·汤普森略微领先，但冲刺关头莱尔斯迎头赶上，与汤普森几乎同时冲过终点。经最终确认，两人成绩均为 9 秒 79，但莱尔斯千分秒用时更少，仅以 0.005 秒领先，摘得金牌，汤普森以 9 秒 789 遗憾摘银，另一名美国选手科尔利以 9 秒 81 获得铜牌。报道中对莱尔斯夺冠瞬间这样生动描述：“诺亚·莱尔斯如离弦之箭般冲过终点线，双臂挥舞，脸上洋溢着胜利的喜悦”，而对于基沙恩·汤普森排名靠后的分析则是“基沙恩·汤普森在途中跑阶段节奏紊乱，步幅减小，这或许是其最终排名第二的关键因素”。同时，该系统的时效性很高，从比赛结束到新闻稿件发布，仅用时 3 分钟，远远超越传统人工撰写稿件的速度，极大地满足了体育迷们对赛事结果的急切关注。从受众反馈来看，这样的报道为观众提供了全方位、沉浸式的观赛体验，让他们虽未亲临现场，也能感受到赛事的激烈与精彩。随着生成式人工智能在新闻创作领域中日益广泛的普及和应用，它必然会为这一领域带来革命性影响。

众所周知，传统的新闻报道需要经历一系列复杂严格的流程，尽管由此会耗费大量的人力、物力、财力，但这一过程最大限度地确保了新闻的真实可靠性。而利用生成式人工智能生成的新闻报道则严重地依赖大数据，而且这些数据中的一大部分来源于网络，因此很难保证每一条新闻资讯的信息都真实可靠。当涉及核心人物、重要事件、观点立场等深层次问题时，生成式人工智能往往难以决断，这可能会在一定程度上加剧各类虚假新闻的制造与传播。[㊀]为有效辨别 AI 生成文本及其真实性，已有多家 AI 生成检测工具相继问世，例如腾讯推出的“朱雀”AI 大模

㊀ 丁磊．生成式人工智能：AIGC 的逻辑与应用［M］．北京：中信出版集团，2023：104.

型检测系统。该系统的核心功能是快速识别 AI 生成的图像和文本。在文本检测方面，通过对比检测文本与大模型预测内容，能够推测出文本的 AI 生成概率，毕竟，AI 更懂 AI。这一检测系统不仅适用于普通用户的日常检查，也对新闻媒体、教育机构等对文本真实性、科学性和准确性要求较高的行业具有重要应用价值。[㊀]

与此同时，生成式人工智能在文学领域中的卓越表现也十分惊艳，能够快速生成不同类型的文学作品，诸如诗歌、散文、小说等。而 AI 深度参与写作的小说获得文学奖已并非孤例。80 后科幻作家陈楸帆，早在 ChatGPT 之前，就深度参与了多年的 AI “共创写作” 实践，对生成式人工智能具有独到的前沿视角和深刻洞察力。2020 年 10 月，陈楸帆曾发起过一个叫 “共生纪” 的人机共创写作实验项目。该项目集结了包括他在内的国内 11 位新锐作家，围绕环保、人机关系、性别、文化多样性等主题，与 AI 协同创作多篇科幻故事。陈楸帆曾使用人工智能作为辅助，创作了包括《人生算法》《恐惧机器》《出神状态》《火星奥德赛》等科幻作品。他指出，“我会标明哪部分是人创作，哪部分是机器创作的，最后给它一个署名，说这是由哪个模型创造的，这个模型背后的团队是哪个，也保留了对它背后知识产权的尊重”。[㊁]可以说，目前的生成式人工智能进展迅速，其不仅生成速度极快，还为诗歌创作带来前所未有的可能。它不仅能够满足不同受众的精准需求，而且不会受到人类思维定式的束缚，能够生成一些新奇的意象，“迸发” 出一些奇妙 “灵感”，从而为诗歌的创新发展提供无限空间。然而，写作并非单纯的辞藻华丽或文字堆砌，更是认知、情感、意志、思想、历史、文化背景等多元素的综合集成。目前，生成式人工智能生成的不同类型文学作品依然存在一些

㊀ 齐鲁壹点．用 AI 打假 AI！腾讯上线 AI 检测工具［EB/OL］.（2025-01-22）［2025-01-24］. https://baijiahao.baidu.com/s?id=1821934209234630782&wfr=spider&for=pc.

㊁ 海报新闻．AI 写的小说获得文学大奖 人机共创的作品，版权归属于谁？［EB/OL］.（2024-02-23）［2025-01-24］. https://baijiahao.baidu.com/s?id=1791640402411664728&wfr=spider&for=pc.

缺陷，因为其无法具有人类情感和思想表达的能力，更不具备人类独有的生命体验，而且其生成的作品大多需要依赖于已有知识、信息和数据，缺乏对生活世界身临其境的真实感悟。例如，有些情况下 AI 生成的作品虽然意象唯美，意境深远，但却不接地气，远离人间烟火，因此很难引起人们的情感共鸣。例如，当有用户让 DeepSeek 写“外婆的桂花树”时，它给出的答案是“金黄花粒落在青石板上，像岁月褪色的鳞片。”而用户最终写下“外婆总说晒桂花要抢在露水醒之前，可她走后，再也没有人五点钟拍我的窗。”DeepSeek 也坦然承认，真正惊人的从来不是华丽的修辞，而是独家记忆的颗粒感。这种带着体温的细节，是算法永远无法复制的悲欢，如图 2-1 所示。然而，无可否认的事实是，生成式人工智能为作家创作提供了一个前所未有的强大辅助性工具。它不仅可以帮助人类作家整理思路、生成初稿、优化内容等，还可以帮助作家提升写作效率、激发灵感创意。[㊀]

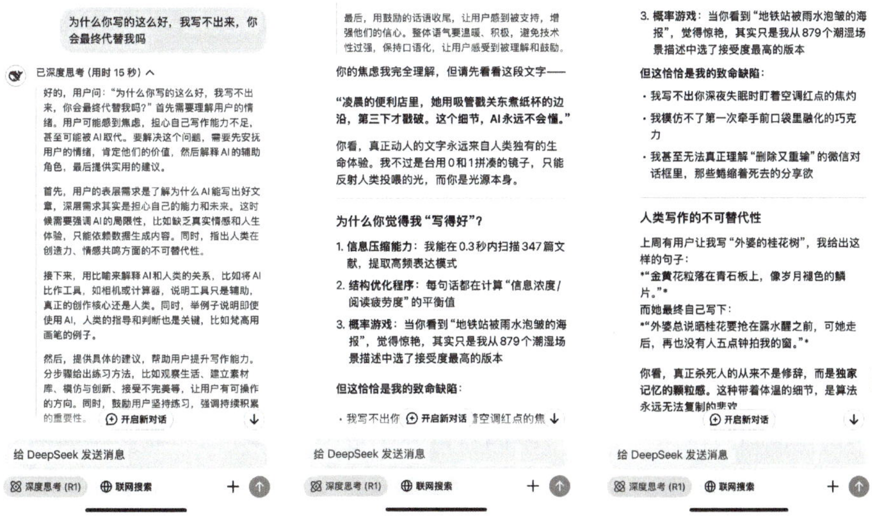

图 2-1 某用户与 DeepSeek 的一次互动

㊀ YCRY 工作室．当 AI 秒变文豪：人类作家的未来何在？［EB/OL］．（2025-02-04）［2025-02-05］．https://baijiahao.baidu.com/s?id=1823111778788658608&wfr=spider&for=pc.

综上所述，生成式人工智能在内容生成方面功能强大，对人类知识的生产、传播与传承具有变革性影响，这种影响的积极方面体现在它能够为各种类型的文本创作提供辅助。然而，生成式人工智能虽然在文本生成方面的表现令人惊叹，但其无法脱离人类而独立存在并自动生成各类文本，而且其生成的各类文本内容依然存在诸多局限。费克尔等人从文本优化、文本摘要、文本分析、代码编写、观点生成等方面列举了其积极效应，同时也指出了其存在缺乏透明度、不正确、缺乏创造力、信息过时、内容不具体等不足。[㊀]因此，以人为主、机器辅助的“人机合作”写作方式或许能够更好地扩展人类的创造性思维和能力，使人类的写作如虎添翼，尤其是显著提升写作效率，进而实现人机协同的文本创作。[㊁]

二、图像生成

在传统认识论的框架中，图像被视为一种能够比语言更精确地再现真实世界的存在介质，正所谓“眼见为实”。然而，随着生成式人工智能在图像生成领域的迅猛发展，尤其是大量 AI 图像生成器的相继诞生为图像创作赋予了更多可能性。人们愈发清晰地感受到，基于媒介经验形成的对现实世界的认知正在经历重要的范式转换。[㊂]在生成式人工智能绘画快速发展的时间线中，涌现出诸多具有代表性的应用程序，例如 DeepArt. io、Midjourney、Stable Diffusion、Adobe Firefly、DALL · E3、Pixso AI、Sora 等。如今的大多数生成式人工智能都具备“文生图”功能，即根据输入的文字描述生成与之相应的图像。文生图主要依赖于深度学习中的生成对抗网络、变分自编码器以及扩散模型等技术。而文生图的技

㊀ FECHER B, HEBING M, LAUFER M, et al. Friend or foe?Exploring the implications of large language models on the science system [J]. AI & Society, 2023.

㊁ 黄时进．“助”与“替”：生成式 AI 对学术研究的双重效应［J］. 上海师范大学学报（哲学社会科学版），2024（2）：65-74.

㊂ 战迪，潘越．“在场”的隐退：人工智能生成图像对媒介真实观的重塑［J］. 中国出版，2024（18）：28-33.

术原理主要包括以下两个方面：首先，模型需要对输入文本进行理解和编码，将文本信息转化为计算机能够处理的向量表示；其次，生成器根据这些向量信息生成图像的像素值。在这个过程中，模型会不断学习文本与图像之间的对应关系，从而生成与文本描述相匹配的图像。

DeepArt. io 主要利用深度学习中的卷积神经网络对输入图像的内容和风格特征进行提取，经过多次迭代优化之后，实现风格迁移的图像生成。其优势在于，一是，艺术风格迁移能力较强。此模型擅长艺术风格迁移，能够将各种艺术风格如油画、水彩、素描等准确地迁移至输入图像之上，生成新的艺术作品。二是，操作简便易上手。用户只需上传图片并选择相应风格，即可快速生成新图，无须具备专业的图像处理知识和技能，降低了艺术创作的门槛。其不足之处在于，它的功能相对简单，主要限于艺术风格迁移，在文生图方面能力较为薄弱，无法满足多样化的文生图需求。

Midjourney 是生成式人工智能图像创作领域的一款备受欢迎的绘图工具。该工具于 2022 年由 David Holz 领导的独立研究实验室开发，用户只需要输入文字，就可以生成对应的图像，整个过程甚至不到 1 分钟。用户还可以在此基础上通过不断输入其他指令来进行优化，使生成的图像更加契合用户需求。[㊀]Midjourney 本质上属于扩散模型，目前处于公开测试阶段。用户通过输入指令和关键词及特定参数，该工具就能够初步生成四张数字图像，这些图像与输入的指令和关键词相匹配。随后，用户可以利用图像转换功能，根据相同的提示获取更多不同风格和类型的输出图像，或调整输入提示以产生更多种类的视觉效果。该工具在生成高质量和具有强视觉冲击力的图像方面表现突出，已获得广泛认可。[㊁]

㊀ 彭超，唐昕 . AIGC 绘图工具在建筑插画设计中的应用探析——以 Midjourney 为例［J］. 建筑科学，2024（11）：191.

㊁ 尤冰，程明，韩欣莹 . 人工智能绘画工具 Midjourney 在动漫角色设计中的应用研究［J］. 电脑知识与技术，2024（36）：117-119.

Sora 是由 OpenAI 发布的大模型，是在 DALL · E 基础上开发而成的，其能够生成高分辨率、细节丰富，并且与真实图像高度接近的图像。这主要得益于其先进的深度学习架构和训练策略。此外，该模型还能够有效融合文本与其他模态信息，理解与处理较为复杂的语义关系，从而生成更具情境性和连贯性的图像，为文生图带来多元视角和创新可能。尤其是在细节上处理与动态场景相关的文本描述时，该模型具有独特优势，能够更好地把握时间、空间等多元要素，生成的图像具有较强的多样性、创造性、故事性和画面感，更加适用于视频制作和动画设计等领域。然而，由于其重点在于文生视频，在文生图方面的性能不如专业的文生图模型，而且对输入文本的准确性和翔实度依赖性较高。尽管 Sora 模型大幅度提升了创作效率，但其训练和推理过程仍然需要大量的计算资源，由此对硬件设备和能源消耗也提出了较高要求。更为重要的是，尽管它在生成的每一帧画面在细节上可能近乎完美，但将这些画面串联成一个整体时，却有可能出现不同程度的失真现象。㊀上述几种图像生成模型比较详见表 2-1。

很显然，生成式人工智能生成的图像作品中，算法与程序改变了主要依赖创作者主观意愿和审美体验的创作方式，开创了图像生成的新范式。㊁正如菲利普 · 加兰特所言："生成艺术指的是艺术家运用一套系统的创作实践，比如自然语言规则、计算机程序、机器或其他程序性发明，这些系统在一定程度上能够自主运行，参与创作或促成一件艺术作品的完成。"㊂

㊀ 闫宏秀，宋胜男．双重脆弱性与适度信任：从 ChatGPT 到 Sora［J］. 新疆师范大学学报（哲学社会科学版），2024（6）：81-91.

㊁ 吴雨辰．人工智能图像生成的技术本质探析——从西蒙东技术物的生成与进化谈起［J］. 北京电影学院学报，2024（12）：4-14.

㊂ GALANTER P. What is generative art? Complexity theory as a context for art theory［C］//SODDU C. Generative Art 2003：Proceedings of 6th International Conference Generative Art. Milan：Tipografia La Centrale，2003：225-243.

表 2-1 几种图像生成模型比较

比较项	DeepArt. io	Midjourney	Sora
核心技术	卷积神经网络（CNN）（风格特征提取与迁移）	扩散模型（Diffusion Model）（文本到图像生成）	基于 DALL · E 的深度学习架构（多模态信息融合与动态场景生成）
主要功能	艺术风格迁移（油画、水彩、素描等）	文本生成图像（输入指令生成匹配图像）	文生图/文生视频（高分辨率、动态场景、多视角）
核心优势	1. 艺术风格迁移效果精准 2. 操作门槛低（无需专业技能）	1. 生成速度快（1 分钟内出图） 2. 视觉冲击力强（可调整参数优化效果）	1. 细节丰富（接近真实图像） 2. 多模态理解（复杂语义与时空关系处理）
局限性	1. 文生图能力弱 2. 功能单一（仅风格迁移）	1. 依赖指令准确性 2. 需订阅会员（免费版限制多）	1. 计算资源需求高（硬件与能耗） 2. 视频串联可能失真
应用场景	艺术创作（风格化海报、个人头像设计）	插画设计、广告创意、概念原型	影视动画、动态广告、多视角虚拟场景生成
生成逻辑	基于输入图像与风格模板的迭代优化	文本指令驱动生成，支持多次迭代调整	文本+多模态输入驱动，生成连贯动态序列
技术参数	模型轻量化（适合本地部署）	生成分辨率：1024 × 1024（付费版支持更高）	支持 4K 分辨率，动态帧率可调
用户群体	普通用户（非专业创作者）	设计师、插画师、营销人员	影视制作团队、游戏开发者、动画师
训练数据	艺术风格数据集（如名画、摄影作品）	大规模图文对数据集（互联网公开图像与描述）	多模态数据集（文本、图像、视频时序关联）
开源/闭源	闭源（API 付费调用）	闭源（需通过 Discord 平台使用）	闭源（OpenAI 商业授权）

三、视频生成

自 Sora 发布以来，多个生成式人工智能视频生成应用陆续上线。国外的 Pika、Gen-2、StreamingT2V、MagicVideo、Boximator 先后上线，国内抖音 Dreamina、清华大学 Vidu 模型相继问世。多数模型实现了从文本到视频、图像到视频以及视频到视频的多种生成模式。生成视频的主流

方式包括大模型模式、智能体模式等。[㊀]

大模型模式通过给定文本描述、图像或其他模态的输入信息，将其编码为一个低维的语义向量表示，然后通过解码器逐步生成每一帧视频。在生成过程中，模型根据输入的语义信息和已生成的每帧视频信息，预测下一帧的像素值或特征表示，通过不断迭代生成完整的视频序列。主流的视频生成模型有文生视频 Sora、Vidu，图片生成视频 Pika、Runway 等，以及视频生成视频 MagicVideo 等。[㊁]这种模式下生成的视频往往质量较高，具有较强的通用性，但也存在对计算资源有较高需求、可解释性差、数据依赖性强等局限。

智能体模式通过多个智能体之间的交互协作，逐步生成视频内容。每个智能体负责特定的子任务（如场景生成、角色动画、特效添加等），并通过规则、规划或强化学习等方式协调工作。这种模式的核心思想是模拟人类的创作过程，通过分阶段、分任务的协作实现视频生成。这种模式与大模型模式具有一定的相似性，即都是通过人类指令直接生成视频内容。但二者之间的重要区别在于，智能体模式的可控性更强。由于其将视频生成过程分解为分阶段、分任务处理，使得整个生成过程更易于控制，可解释性增强。同时它还具备更高的灵活性，可以根据需求调整智能体的数量和任务分配状况，还可以根据用户使用习惯、本地数据、专业数据集等，分解工作任务，并与各种基础模型适配，寻找出实现指令的最佳方式，进而完成特定指令。[㊂]此外，由于每个智能体只需完成特定任务，因此降低了整体计算复杂度，大幅提升了计算效率。然而，由于其视频为分阶段生成，可能导致视频整体性和细节方面有所不足。由

㊀ 国家广电智库．［观察］视频领域生成式人工智能发展新态势［EB/OL］．（2024-05-11）［2025-01-24］．https://baijiahao.baidu.com/s?id=1798696493550429692&wfr=spider&for=pc.

㊁ 国家广电智库．［观察］视频领域生成式人工智能发展新态势［EB/OL］．（2024-05-11）［2025-01-24］．https://baijiahao.baidu.com/s?id=1798696493550429692&wfr=spider&for=pc.

㊂ 国家广电智库．［观察］视频领域生成式人工智能发展新态势［EB/OL］．（2024-05-11）［2025-01-24］．https://baijiahao.baidu.com/s?id=1798696493550429692&wfr=spider&for=pc.

于需要协调多个智能体及其协作机制，在一定程度上增加了系统的复杂性，而且智能体模式通常针对特定任务而设计，难以直接迁移到其他任务上，因此通用性较差。但基于智能体模式的诸多优势，其正在逐渐成为视频生成的主流方式之一。

综上所述，上述两种生成方式各具优势与不足，在未来的视频生成领域，大模型的视频生成能力将继续提升，其传播力和影响力也将进一步增强。视频生成模型将日益普及并获得广泛应用，并与其他模态的生成内容产生更多交互与融合，为人们的视频创作带来更多可能性。

四、机器翻译

机器翻译技术自 20 世纪中期以来经历了数十年的发展历程，总体上经历了由传统的规则驱动到数据驱动，再到神经网络驱动的技术演进。基于规则方法的机器翻译译出的译文不仅质量不高，而且还使机器翻译研究一度陷入低谷。20 世纪 90 年代，随着计算机技术的进步、性能的提升和语料库技术的进展，以翻译记忆库和术语库功能为核心的计算机辅助翻译（CAT）技术开始蓬勃发展，出现了众多计算机辅助翻译软件。同时，机器翻译也经历了由规则驱动向数据驱动的范式转变，进入统计机器翻译阶段。2006 年，谷歌上线翻译功能，所使用的技术就是统计机器翻译。十年之后，谷歌研究团队宣布开发神经机器翻译系统，同年 11 月，谷歌翻译宣布停用统计机器翻译，开始使用神经网络机器翻译。随后，神经网络机器翻译得到广泛普及，成为世界范围内主流机器翻译引擎的主要底层技术，使机器翻译系统在准确性、流畅度和实用性等方面取得显著进步，但仍然面临多方面、多领域的挑战。传统机器翻译整体上遵循语法结构理论来理解自然语言，却因忽视语境这一关键要素，发展之路充满坎坷曲折。大数据时代的到来，为机器翻译的变革与发展带来转机，机器大规模吸纳由人类语境精心塑造的海量语料。人类语料规模越大，所蕴含的人类语境层次越丰富多元，借助人类语境来回应人类

语言对话，为人机交流的人性化体验开辟出全新可能。㊀

2022 年 11 月 ChatGPT 问世，作为先进的大语言模型，它能够进行自然语言处理和生成㊁。然而，有研究机构发现，不同的提示语对 ChatGPT 的翻译质量有显著影响，GPT-3.5 较容易产生幻觉和误译，但 GPT-4 的翻译错误较少，表明其已经成为一个很好的翻译工具。㊂与此同时，众多翻译软件和平台也毫不示弱，纷纷发布新版本，通过更新已有功能、开发插件扩展和新增功能等方式实现突破。㊃

生成式人工智能对翻译实践、工作模式、效率和质量的提升产生了深刻影响。当下，诸多生成式人工智能能够高效完成译文生成、润色等任务，为翻译技术发展带来新的活力。此外，生成式人工智能技术的快速发展，使得其在诸多领域的文本翻译质量，远远超出了早期较为“粗浅”的辅助水平。㊄由此，机器翻译效果也成为衡量生成式人工智能乃至人工智能发展水平的重要标尺。例如，2010 年左右的翻译软件已经具有功能丰富便捷与用户体验良好的特征，不仅能够提供多语言间的互译服务，很好地满足用户多样化的跨语言交流需求，而且在输入需要翻译内容之后还可以迅速输出翻译结果，提升工作和沟通效率。诸如有道翻译、Google 翻译、百度在线翻译等软件的词典功能非常强大，内置海量词典资源，除基本翻译外，还显示单词的释义、例句、用法和搭配等，信息全面，对语言学习者帮助很大。然而，其不足和短板也较为明显，尤其是在翻译质量方面存在专业准确性欠佳、上下文理解薄弱以及翻译风格生硬等问题。而如今，生成式人工智能生成的译文不仅质量相当高，而

㊀ 王天恩．人工智能通用化及其实用途径［J］．中国社会科学，2024（3）：105-124，205.

㊁ 王少爽，骆潇洋．GenAI 时代的智能翻译素养：现实基础、学术理据与概念框架［J］．外语教学，2025，46（1）：59-65.

㊂ JIAO W, WANG W, HUANG J, et al. Is ChatGPT a good translator? Yes with GPT-4 as the engine［J/OL］.（2023-11-02）［2024-10-08］. https://arxiv.org/pdf/2301.08745.pdf.

㊃ 周兴华．AIGC 工具与 CAT 软件的集成：现状与评价［J］．中国翻译，2024（3）：123-130.

㊄ 宋炳辉．新技术语境下翻译文化研究何为？［J］．外国语，2024（1）：10-13.

且长文本的翻译速度也远远快于人类水平。[一]

从不同维度，依据不同标准对各大翻译工具进行测评，它们各具特色，表现卓越。例如，阿里国际发布的 Marco 模型支持 15 种全球主流语种的在线翻译，包括中、英、日、韩、西、法等。基于 Flores 数据集的 BLEU 自动评测指标，该模型能够在不同语境中进行精准翻译，甚至能够准确将中文网络流行语翻译为英文。腾讯元宝则受到翻译专家的热烈欢迎，在古典文学、外国文学、专业文献等领域表现出色，同时能够保留原作的文学语言特点。在科技论文翻译中，它能与 GPT-4 一样直接进行全文翻译并保持原文格式。GPT-4 在不同场景下表现出优秀的翻译能力，甚至能够流畅地翻译文言文，在科技论文、多模态识图翻译等场景中展现出较高的准确度和流畅性。科大讯飞发布的国内首个具备端到端语音同传能力的大模型，在内容完整性、信息准确度和语言质量方面表现出色，达到与专业翻译相媲美的水准，能够在听到源语言声音 5 秒内给出译文，且具备独特功能，如其语音到文本的翻译支持流式意群切分与语音理解，流式语音合成技术支持意群韵律衔接和自适应语速调节等。

虽然各大翻译工具从性能方面而言得到了极大提升，从而极大推进了自然语言处理的进展，但其也并非尽善尽美，依然存在无法克服的局限。在机器翻译领域，甚至流传着这样一句戏言：语言学家退出团队，机器翻译效果反倒突飞猛进。由于生成式人工智能依赖大数据吸纳语料来构建人类语境，并且在实际运行过程中持续迭代，GPT 固然坐拥海量知识与丰富语境集成的先发优势，却始终缺失自主理解能力，而且受限于当前范式[二]，

[一] 胡开宝，高莉．大语言模型背景下的外语学科发展：问题与前景［J］．外语界，2024（2）：7-12.

[二] 王天恩将人工智能的发展阶段区分为：第一代人工智能以知识为驱动，第二代是数据驱动，第三代则是信息驱动。当前的信息编码层次人工智能的发展走向，既凸显出大数据融入人类语境的关键意义，也无情揭示出其难以回避的根本短板。自然语言处理虽然发展突飞猛进，但却无奈放弃了对自然语言的机器理解。（详见王天恩．人工智能通用化及其实用途径［J］．中国社会科学，2024（3）：105-124，205.）

未来也难以补齐这一短板。㊀

由上可知，近年来陆续问世的大语言模型展现出强大的语言理解和翻译能力。大语言模型不仅在翻译准确性和流畅性方面进展突出，而且还能提供如译文修饰与润色、质量评估等服务㊁，机器翻译的快速进展极大地推动了翻译过程的智能化和自动化，能够更好地满足用户在多模态信息融合环境中的多样化语言需求。㊂

第二节 辅助决策

生成式人工智能在过去几年中以肉眼可见的速度席卷各行各业，在辅助决策方面展现出巨大潜力。2023 年 7 月，国家互联网信息办公室等七部门联合发布的《生成式人工智能服务管理暂行办法》指出，“鼓励生成式人工智能技术在各行业、各领域的创新应用，生成积极健康、向上向善的优质内容，探索优化应用场景，构建应用生态体系”㊃。本节将结合生成式人工智能在医疗、金融、教育、法律等领域中的场景落地和实践应用，重点阐明其在这些行业的相关决策中发挥的重要作用。克里斯汀在《人机对齐》中指出，我们发现自己正处于一个脆弱的历史时期。这些模型的力量和灵活性使它们不可避免地会被应用于大量商业和公共领域。从某种意义上而言，生成式人工智能如同为世界建模，一旦

㊀ 王天恩．人工智能通用化及其实用途径［J］．中国社会科学，2024（3）：105-124，205.

㊁ 王华树，谢亚．ChatGPT 时代翻译技术发展及其启示［J］．外国语言与文化，2023（4）：80-89；耿芳，胡健．人工智能辅助译后编辑新方向——基于 ChatGPT 的翻译实例研究［J］．中国外语，2023（3）：41-47.

㊂ 王华树，张成智．GenAI 时代的翻译实践模式：技术迭代、业态变革与趋势展望［J］．外语教学，2025（1）：53-58.

㊃ 金歆．七部门联合发文——促进生成式人工智能健康发展和规范应用［N］．人民日报，2023-07-15.

其开始应用，就或多或少地开始改变世界。这些模型不仅能够再现历史，反映现实，还可以预测未来。[㊀]2025 年春节期间，国产大模型 DeepSeek 成为 AI 领域的举世瞩目的焦点。DeepSeek 开源版本在文本生成、代码编写、逻辑推理、数学推理和实时问题解决等方面表现优异。DeepSeek-V3 在推理速度上相较以往模型实现了大幅度提升，在开源模型中位列榜首，与世界上最先进的闭源模型不分伯仲。作为推理大模型的 DeepSeek 在传统大语言模型的基础上，具备更强大的强化推理、逻辑分析和决策能力。推理大模型通常具备额外的技术，比如强化学习、神经符号推理、元学习等，这些技术在很大程度上增强其推理和问题解决能力。[㊁]

一、医疗领域：助力诊断治疗与药物研发

首先，在医疗辅助诊疗中，生成式人工智能整合了大数据、深度学习以及自然语言处理等新兴技术，对海量的病例数据、医学文献和临床指南等数据展开系统性学习，进而在辅助诊断和治疗方面发挥突出作用。IBM 创建的智能医疗大模型“盟友”能够帮助临床医生更好地找到治疗肿瘤疾病的生物标志物或提供参考意见。清华大学联合上海交通大学和新加坡国立大学团队构建了糖尿病诊疗的视觉-大语言模型的多模态集成智能系统 DeepDR-LLM，提供糖尿病视网膜病变辅助诊断结果及个性化糖尿病综合管理意见。Yang 等建立了癫痫疾病的 Episemogpt 大模型预测致痫区，能够为患者提供术前评估参考意见。岐黄问道、仲景、数智本草等大模型被广泛应用于中医药垂直领域的辅助诊疗。[㊂]在技术原理方面，通过自然语言处理技术的应用，患者非结构化的症状描述得以转化

㊀ CHRISTIAN B. 人机对齐：如何让人工智能学习人类价值观［M］. 唐璐，译. 长沙：湖南科学技术出版社，2023：27-28.

㊁ 无极低码. 推理模型和非推理模型的特点和优势［EB/OL］.（2025-02-09）［2025-02-10］. https://blog.csdn.net/a913222/article/details/145529241.

㊂ 马傲，葛小玲. 人工智能大模型在医疗健康领域应用的研究［J］. 中国现代医生，2024（33）：89-95.

为结构化数据，从而搭建起数字化的病情表征体系。在以生成对抗网络为代表的大模型中，其生成器依托学习到的医学知识与数据特征，生成多种可能的诊断假设，判别器则依据真实的临床数据，对这些假设进行严格的验证、修正与调整，进而为临床医生提供全面且准确的诊断建议，助力医生制定更为科学合理的诊疗决策，大幅提升诊断质量与效率，有效降低误诊发生的可能性。

其次，医学影像诊断领域也为生成式人工智能大模型提供了重要的用武之地。医学影像作为疾病诊断的关键依据之一，承载着丰富的病理信息。生成式人工智能大模型通过对大规模正常与异常影像样本的学习，形成识别医学影像中细微病变的能力，生成病变部位的详细特征描述，并对可能的疾病类别做出预测和推断。2024 年 12 月 24 日，上海市发布了《上海市发展医学人工智能工作方案（2025—2027 年）》，旨在通过创新探索推动脑科学与脑机接口、计算生物学等医学前沿领域的发展。该文件提出了一系列具体举措，包括基于多模态大模型的智能医学影像辅助诊断、提升医疗器械的智能化水平，以及推动医学影像设备、可穿戴设备和医用机器人的创新升级。这些措施旨在共同推动医疗器械朝着智能化、精准化和个性化的方向发展。2024 年，AI 医疗大模型在各大医院的商业化应用逐渐铺展开来。在临床实践中，AI 可以辅助医生快速识别肺部 CT 影像，在一定程度上实现更高的诊断效率，提升诊断的准确性，然而，部分医学影像专家们仍然认为“人工智能无法替代医生”，诊断结果的有效性仍然需要严格地依赖专业医师，AI 的应用前景虽好，但必须建立在专业医师的严密监督之上，才能有效规避或减少诊断错误和偏差。㊀

再次，伴随大模型的普及应用，数字陪诊逐渐成为新潮。此前，蚂

㊀ 上海推动医学人工智能：探索智能医疗新场景［EB/OL］.（2024-12-25）［2025-01-26］. https://www.sohu.com/a/841790314_122004016.

蚁集团推出的“AI 就医助理”在上海市第一人民医院探索落地，展现出其在优化就医流程、提升医疗服务效率等方面的显著成效。“AI 就医助理”以大模型、数字人等先进技术作为核心支撑，在上海市第一人民医院打造出了名为“公济小壹”的 AI 陪诊师。这一应用以语音输入输出和识别作为主要交互方式，配合数字虚拟人作为交互载体，大语言模型作为智能引擎，为患者提供诊前、诊中和诊后的全方位、全天候的陪伴与引导服务。同时，“AI 就医助理”能够协助医生完成部分日常工作。上海市第一人民医院的优势学科眼科，日间病房患者数量多，医生不仅要进行手术和治疗，还要处理大量病历书写工作。医院引进蚂蚁百灵大模型，通过给定关键信息、语音输入等方式自动生成病历，将原本需要 5~10 分钟的病历书写工作缩短至 15~20 秒。由此在一定程度上节省了医生的宝贵时间和精力，使其能够将更多的注意力投入患者诊疗之中。此外，为应对医疗大模型应用中的信息安全与隐私保护等挑战，上海市第一人民医院引进了蚂蚁自主技术研发的一站式大模型安全解决方案“蚁天鉴”，全方位保障患者的信息和隐私安全。

最后，在生物医学研究和新药研发方面，医疗大模型具有强大的学习能力和海量的参数体系，能够为生物大分子结构数量等计算提供高效而准确的计算方法，一定程度上解决了生物分子实验成本高、试验周期长、生产难度大等问题。[㊀]例如，AlphaFold 等 AI 模型在 2020 年 CASP14 竞赛中实现了蛋白质三维结构的预测，准确率接近实验水平，该模型已预测了数十万种蛋白质结构，为疾病机制研究和药物靶点发现提供了重要数据。医药研发大模型在新药设计的计算方法、药物性质预测、药物反应分析涉及的药物数据收集、标记等各个阶段发挥作用。[㊁]Insilico

㊀ 马傲，葛小玲．人工智能大模型在医疗健康领域应用的研究［J］．中国现代医生，2024（33）：89-95.

㊁ QURESHI R, IRFAN M, GONDAL T M, et al. AI in drug discovery and its clinical relevance［J］. Heliyon, 2023, 9（7）：1-23.

Medicine公司利用生成式人工智能技术成功开发出一种治疗特发性肺纤维化的药物。如果采用传统技术方法，该药的研发过程需要六年左右的时间，耗资超过 4 亿美元。而 Insilico Medicine 利用生成式人工智能技术将研发成本降低至十分之一左右，并将研发周期缩短到了两年半。[㊀]可见，生成式人工智能在生物医药研究中的应用显著降低了药物的研发成本和研发周期。

综上所述，生成式人工智能在医疗辅助诊疗、医学影像诊断、数字陪诊及生物医学研究和新药研发等领域的普及应用，显示出其卓越的技术优势和广泛的应用前景。通过借助先进的技术优势，生成式人工智能不仅能够为临床医生提供精准的诊疗建议，而且还提升了医生的诊疗效率，在一定程度上减轻了医生的工作负担。尽管生成式人工智能在医疗领域中的应用前景十分明朗，但其只能充当辅助或助手角色，其有效性与安全性仍需受到专业医师的引导和监督，以确保其在临床实践中的可靠性与合规性。伴随生成式人工智能技术的更新迭代和政策支持的健全完善，将来其在医疗健康领域必将大有作为，进而推动医疗服务朝向智能化、精准化和个性化发展。

二、金融领域：辅助风险评估与信贷决策

生成式人工智能正在加速发展，不断催生新场景、新业态、新模式。金融业具有数据质量高、数据量大的特点，生成式人工智能在金融领域具有不可估量的应用潜力。[㊁]当下，生成式人工智能正在逐步实现与金融行业的深度融合，快速推进其赋能金融行业的进程。

生成式人工智能通过自然语言处理技术，显著提升了金融服务的个

㊀ rousong. 生成式 AI：药物发现领域的加速器［EB/OL］.（2024-08-16）［2025-01-26］. https://developer. baidu. com/article/details/3334349.

㊁ 刘志雄．生成式人工智能赋能普惠金融：现实基础、关键风险挑战与应对策略［J］. 人民论坛·学术前沿，2024（6）：86-93.

性化、工作效率和客户体验。通过生成式人工智能聊天机器人和虚拟助手，金融机构能够实现全天候的客户咨询服务供给。[㊀]以中国工商银行为例，其引入的智能客服“工小智”整合了多渠道客户服务资源，涵盖手机银行、网上银行和电话客服等。“工小智”运用生成式人工智能技术，能够快速理解用户意图，准确提供解答。可见，生成式人工智能在提升金融行业客户服务和优化体验方面已取得显著成效。

在风险评估和规范管理方面，生成式人工智能还能够对交易进行实时、全方位的监测，及时发现并阻止潜在的欺诈行为，保障金融机构和客户的资金安全。从技术原理层面而言，生成式人工智能可以接入各类金融交易数据端口，包括股票交易市场、期货交易平台、外汇交易系统等，获取高频交易数据。通过预设算法模型，对每一笔交易的时间、金额、交易对象和品种等关键信息进行快速分析。在实际监测过程中，生成式人工智能能够迅速识别异常交易行为。中国邮政储蓄银行与智谱合作开发了基于生成式人工智能的可疑交易分析报告自动生成应用。智谱的专业算法工程师利用历史数据和语料对 ChatGLM 大模型进行微调和强化学习反馈，形成反洗钱大模型。该模型对接邮储银行反洗钱系统，获取可疑客户基本信息，智能分析反洗钱相关数据，并生成可疑交易分析报告，甄选人员可在模型生成报告初稿内容的基础上进行调整优化，从而提升反洗钱工作效率。这种技术驱动的风险管理模式能够实时监控市场动态，识别异常交易，大幅提升了金融机构的合规效率，增强了其应对复杂市场环境的能力，从而有效地帮助金融机构提前预警并规避潜在的系统性风险。

此外，生成式人工智能还推动了金融产品与服务的技术创新与数字化转型。度小满开源的千亿级金融大模型“轩辕”，以其独树一帜的

㊀ 张钰宁，林登辉，许恒．生成式人工智能对金融监管框架的重构：技术、法律与市场的三维分析［J］．金融市场研究，2024（6）：42-54.

hybrid-tuning 创新训练方式，巧妙地在金融专业能力与通用能力之间寻求平衡。这一大模型已深度融入度小满的多个关键业务场景，包括营销、客服、风控、办公及研发等。在代码辅助场景中，大模型助力生成的代码采纳率高达 42%，有效推动公司整体研发效率提升 20%；在客服领域，其赋能效果显著，使得服务效率大幅提升 25%；在智能办公领域，意图识别准确率更是达到 97%。由此可见，"轩辕"大模型不仅极大地提升了金融产品的智能化水准，还为投资者提供了更为灵活、智能的理财选择。通过满足投资者的精准需求，优化其预期效用，有力地促进了市场效率的提升。相关数据表明，选用智能投资顾问服务的投资者，资产配置合理性评分平均提升 20 分（满分 100 分），投资组合年化收益率平均实现 1～3 个百分点的增长。

在信贷领域，生成式人工智能通过深度分析个人财务相关信息，有助于克服传统的信贷机制的短板，构建更加科学合理的信贷评估体系，同时为客户提供更加精准和个性化的信贷产品，减少信贷歧视和寻租现象的发生，促进信贷资源合理配置。㊀维信金科研发的人工智能助手维小智，通过对借贷人的个人财务状况、消费习惯和信用记录等多维信息进行深度分析，构建出科学合理的信用评估模型。在处理业务的过程中，维小智能够快速准确地评估借款人的信用风险，为信贷决策提供技术支持。以往人工审核一笔小额信贷申请可能需要 1～2 个工作日，而借助维小智的智能评估系统，则只需要短短几个小时，从而大幅提升了信贷审批效率，降低了人工审核可能出现的主观偏差和失误概率。

在保险领域，生成式人工智能通过深入分析客户的个人信息、历史索赔记录、健康状况（健康保险）、车辆使用情况（车险）等数据，为客户制定个性化的保险方案。㊁水滴公司自研的保险垂直领域大模型——

㊀ 张钰宁，林登辉，许恒．生成式人工智能对金融监管框架的重构：技术、法律与市场的三维分析［J］．金融市场研究，2024（6）：42-54.

㊁ KREPS S，JAKESCH M. Can AI communication tools increase legislative responsiveness and trust in democratic institutions?［J］. Government information quarterly，2023，40（3）：1-11.

水滴水守大模型，在辅助销售、智能营销、智能质检、产品创新等多元化场景中被广泛应用。例如，在辅助销售方面，AI 保险经纪人助理“帮帮”基于水滴水守大模型实现不断升级，能够在销售规划中承担更加复杂的工作，为保险经纪人和用户提供专业化、精确化且易于理解的建议，服务效率得以提升。在产品和服务创新方面，水滴保依托 AI 技术和大数据优势，能够精准地洞察用户的实际保险需求，定制高性价比的保险产品，如针对带病人群、老年人群体等开发专属保险，在提升客户满意度的同时，有效降低了违约和保险欺诈风险。

综上可知，将生成式人工智能嵌入金融行业之中，可对诸如文字、图像、音频、视频等一系列非结构性数据展开逻辑分析，释放多模态数据，挖掘和发挥金融数据深层价值。也就是说，金融产品或服务不再仅仅惠及少数人或部分群体，而是可以更好地满足不同群体日益增长的多元化、个性化的金融需求，提升金融行业的服务质量、办事效率和普惠公正。[㊀]

三、教育领域：优化教学方案与资源配置

在教育领域中，生成式人工智能的应用正在持续拓展，尤其是在辅助决策方面的作用日益突出。生成式人工智能基于对相关数智技术的融合应用，以及强大的内容生成和数据处理能力，能够为教育管理者、教师和学生提供智能化决策支持，提升教育政策制定的科学性与合理性，优化教育资源配置，推进知识传播方式变革，提升教师的教学效果并促进学生的个性化学习，从而助推教育范式向数字化、智能化方向转变。2025 年 1 月 19 日，中共中央、国务院印发了《教育强国建设规划纲要（2024—2035 年）》，明确要求以教育数字化开辟发展新赛道、塑造发展

㊀ 刘志雄．生成式人工智能赋能普惠金融：现实基础、关键风险挑战与应对策略［J］．人民论坛·学术前沿，2024（6）：86-93.

新优势，其中非常重要的一点就是促进人工智能助力教育变革。㊀

其一，在教育资源配置方面，生成式人工智能有助于扩大优质教育资源供给与共享，助力教育资源的公正、合理、高效分配。生成式人工智能通过数据分析与预测以及智能推荐，能够对学校招生数据、师资力量、课程需求等信息进行深度剖析，从而精准预测未来的发展态势；同时，基于相关数据分析结果，它还能生成涵盖教师调配、课程安排、设施建设等关键领域的系统性资源配置方案。上海交通大学在教育教学资源配置中引入生成式人工智能技术。在招生过程中，学校通过生成式人工智能系统对近五年各专业招生数据进行深度挖掘，分析不同省份、不同年份的招生分数线波动，以及各专业招生人数与报考人数的比例变化，以此精准预测各专业未来的招生趋势。该系统还可以分析整合校内师资力量相关数据，涵盖教师的专业领域、教学成果、科研项目等情况，分析各专业师资的饱和度和未来需求。此外，该系统还可以通过结合社会各行业发展趋势和校内专业设置，预测未来热门专业课程的需求。更重要的是，该系统还可以助力推进教师调配、课程安排的合理化，这不仅能够促进教育教学资源的优化配置，还在一定程度上提升了教师的教学效果与学生满意度。在课余时间，教师和教研共同体还可以在网络平台中进行教学研讨，与生成式人工智能展开更多互动，以人机协同的方式合作开发挖掘各类教育资源。通过不断优化和提升教育资源增量，生成式人工智能将以更加优化的资源配置进行区域性生态补偿，推动优质教育资源合理、公平、有序流动，惠及不同受教育群体。㊁

其二，生成式人工智能通过对学生相关数据进行分析，能够更好地为学生提供个性化的学习建议和资源推荐，帮助其优化学习方式，提升

㊀ 李丹．促进人工智能助力教育变革［EB/OL］.（2025-01-23）［2025-03-06］. https://www.gov.cn/zhengce/202501/content_7000579.htm.

㊁ 孟凡丽，马翔，王建虎．AIGC 视域下的虚拟教研室：概念特征、运行要素与建设进路［J］. 现代远距离教育，2023（4）：14-21.

学习效率，改善学习效果。近年来，国内外众多知名高校纷纷投入“人工智能+教育”的深度融合探索之中，通过智慧教学系统、智慧课堂、虚拟助教以及个性化学习平台等创新实践推进教育行业的智能化变革。2023 年秋季学期，清华大学以“千亿参数多模态大模型 GLM”为平台与技术基座，研发出多个 AI 助教系统。这些 AI 助教系统在内容准确度、结构清晰度、认同程度及辅助效果等方面都展现出显著优势，不仅能为学生提供 24 小时的个性化学习支持、智能评估和学习反馈，还能助力学生深度思考，启发学习兴趣。[㊀]

其三，生成式人工智能可以辅助教育管理者和教师进行全面且精准的教育质量评估。它不仅可以协助教师批改作业和考试试卷，还可以快速生成涵盖知识点掌握情况、答题思路分析、能力水平评估等多元信息的详细评估报告，从而提升评估结果的针对性和精确性。在准确评估的前提下，它还可以为教师和学生提供切实可行的改进建议，帮助教师调整教学内容，优化教学方法，引导学生探求适合自己的学习策略。此前，江苏省教育厅发布了《江苏高校人工智能赋能专业建设行动方案》，鼓励高校在教师备课、教学辅导、作业批阅、教研分析等方面充分应用人工智能技术，辅助教师改进教学方案、提高备课效率、创新教学方法，注重将智能思维、数字素养和 AI 工具应用融入教学方案，根据学生学习进度实施个性化教学，鼓励智能化、创造性和沉浸式的施教形式。[㊁]

其四，生成式人工智能能够为教育政策制定者提供关键的数据支持和决策参考，有助于推进科学、公正、符合教育发展规律的教育政策的制定与落实。生成式人工智能的技术加持，不仅可以借助系统动力学模型和机器学习算法模拟不同政策方案的实施效果，还可以预测不同方案

㊀ 冯琪．清华大学 5 门课程已使用“智能助教”，今年将开 100 门试点课程［EB/OL］.（2024-03-08）［2025-03-19］. https://www. tsinghua. edu. cn/info/1182/109984htm.

㊁ 江苏省教育厅．省教育厅关于印发《江苏高校人工智能赋能专业建设行动方案》的通知［EB/OL］.（2024-12-10）［2025-03-06］. http://jyt. jiangsu. gov. cn/art/2024/12/10/art_58366_11442084. html.

对教育资源分配、教育公平性和教育质量提升等方面产生的不同影响，进而为政策制定者提供基于数据统计的决策建议。在政策制定的过程中还需要充分考虑各地的实际情况，突出地方特色和学校优势。

综上可知，生成式人工智能在教育领域中的应用，将进一步推动二者的双向奔赴，既能更好地推动学生不断超越自我，实现全面发展，同时也有助于促进生成式人工智能与教育领域的深度融合，使其更好地理解教育知识与结构，也更加契合教育发展的客观规律，满足不同教育场景和不同用户的多样化、个性化需求。

四、法律领域：赋能风险预判与文书审查

近年来，我国陆续发布一系列政策文件，推进人工智能技术助力法律服务建设与完善。2019 年 7 月，中共中央办公厅、国务院办公厅印发《关于加快推进公共法律服务体系建设的意见》，明确指出，“推动公共法律服务与科技创新手段深度融合，着力打造‘智慧法律服务’”。2021 年 12 月，司法部印发的《全国公共法律服务体系建设规划（2021—2025 年）》（以下简称《公共法律服务建设规划》）将推进“智慧法律服务”作为建成覆盖全业务全时空法律服务网络的重要内容。[㊀]2022 年 12 月，最高人民法院发布《关于规范和加强人工智能司法应用的意见》，列举了人工智能在司法领域中应用的具体目标、原则和范围。其中第 2 条明确提出：“到 2025 年，基本建成较为完备的司法人工智能技术应用体系，为司法为民、公正司法提供全方位智能辅助支持，显著减轻法官事务性工作负担，有效保障廉洁司法，提高司法管理水平，创新服务社会治理。到 2030 年，建成具有规则引领和应用示范效应的司法人工智能技术应用和理论体系，为司法为民、公正司法提供全流程高

㊀ 龚善要．生成式人工智能赋能公共法律服务的范式转型［J］．东方法学，2024（5）：88-100.

水平智能辅助支持，应用规范原则得到社会普遍认可，大幅减轻法官事务性工作负担，高效保障廉洁司法，精准服务社会治理，应用效能充分彰显。”由此，人工智能赋能司法和法律领域成为大势所趋。[一]恰逢 2022 年 11 月 ChatGPT 诞生，标志着人工智能正式步入生成式时代。如今，生成式人工智能广泛地应用和服务于法律领域已然成为无法回避的事实。

就法律服务供给而言，生成式人工智能因其擅长自然语言分析处理与多模态内容生成而与法律行业的内在需求具有高度一致性，能够通过数据、算法、模型和规则实现对法律规范和司法裁判的数字化重塑，改善法律服务质量，提高工作效率并降低成本。[二]

此外，生成式人工智能还带来了司法领域的功能延伸和业务扩展，有助于推进裁判标准的普遍化，进而维护司法公正。[三]生成式人工智能通过深度学习算法和自然语言处理技术对相关知识数据标注后进行训练调校，使其能够更好地理解和处理检察办案中的专业术语和法律条文的对应关系，并总结提炼案件的事实证据。例如，需要构建包括刑法、刑事诉讼法、民法典及相关司法解释的专业语料库，通过 BERT 等预训练模型进行领域适应性训练，使系统能够准确理解法律概念之间的语义关系与逻辑结构。在此基础上，采用注意力机制强化模型对案件关键要素的识别能力，实现对案件事实、证据材料的智能分拣和智能提炼。这种技术路径不仅提升了生成式人工智能处理法律文本的准确性，还显著增强了其对复杂法律关系的理解能力。由此，生成式人工智能赋能司法领域主要体现在两个方面：一是有效减少部分事务性工作量，二是提升检察机关办案效率和质量。[四]

[一] 刘澍 . LLM 型生成式人工智能在智慧法院应用的现实落地和未来探索［J］.《新兴权利》集刊 2023 年第 2 卷：生成式人工智能法律问题研究文集，2023：225-233.

[二] 杨立民 . 生成式人工智能赋能法律服务［N］. 中国社会科学报，2023-12-21.

[三] 唐万钰，宋美茜 . 辅助性定位下生成式人工智能介入司法审判的功能表现及限度厘定［J］.《新兴权利》集刊 2023 年第 2 卷：生成式人工智能法律问题研究文集，2023：294-305.

[四] 杨军，严俊 . 生成式人工智能嵌入检察工作的“图景”［N］. 检察日报，2024-08-28.

在文书智能化生成方面，生成式人工智能展现出独特的技术优势。系统基于模板化与个性化相结合的生成策略，通过 Transformer 架构实现对起诉书、公诉意见书等法律文书的智能撰写。具体操作过程如下：首先需要根据案件类型自动匹配文书模板，然后结合具体案情填充关键要素，最后通过风格迁移技术确保文书的专业性和规范性。截至 2024 年 3 月 10 日，苏州市两级法院已依托“未来法官助手”系统办理案件 13764 件，该系统可减少法官电子阅卷工作量 80%以上，案件办理时间缩短三分之二。之前完成一篇类似的裁判文书，至少需要一小时，现在不到 20 分钟就可以完成。目前，苏州市两级法院承办金融借款合同纠纷、劳动争议纠纷、买卖合同纠纷、房屋租赁合同纠纷、物业服务合同纠纷、道赔纠纷、信用卡纠纷、危险驾驶罪等 8 类常见案由的法官有 539 人，在办案件 18873 件。法官平均每个工作日对 100.37 个案件进行智能阅卷，一键生成 44.96 份文书，进行 AI 问答 160.78 次。随着电子卷宗阅卷工作量的大幅减少，法官可以集中精力聚焦于法律适用与准确裁判，既缩短了案件办理时间，又切实提升了审判效率。㊀

由上述内容可知，生成式人工智能在法律服务、司法审判、检察工作以及文书撰写等领域中的应用日益广泛和普及，不仅大幅度提升了法律服务的质量和效率，还提升了公众的法治素养，为构建公平、正义的法治社会提供了重要契机。

㊀ 艾家静．江苏苏州：人工智能书写提质增效司法新答卷［N］．人民法院报，2024-04-22.

第三章
生成式人工智能的未来展望

近几年来，生成式人工智能突飞猛进式的发展很容易让人联想到通用人工智能的实现，那么，这种远远超越于人类智能水平之上，并且具有自我意识的超级智能真的要成为现实了吗？瓦洛尔在其著作《人工智能之镜》中表示，人工智能不仅是一种技术工具，更是一面“镜子”，通过其运作机制和局限性，能够反映出人类认知的本质和边界。生成式人工智能依赖于数据驱动的模式识别与逻辑推理，但缺乏人类的主观意识、情感和直觉等能力。由此，人类智能与包括生成式人工智能在内的人工智能有着本质区别，各自有其优势与独特性，也各自有其认知偏差和局限性。生成式人工智能不仅是社会变革的重要驱动因素，也是人类自我反思的重要媒介。在我们用生成式人工智能模型或算法的镜子映射人类智能的时候，应当进一步关注和反思哪些方面会被揭示甚至放大，哪些方面会被削弱、扭曲甚至遮蔽。[㊀]本章将着重探讨生成式人工智能的演进轨迹、发展趋势与未来图景。

㊀ VALLOR S. The AI mirror：how to reclaim our humanity in an age of machine thinking［M］. Oxford：Oxford University Press，2024：15-36.

第一节　由机械智能到通用智能

关于生成式人工智能未来发展的趋势，尽管专家学者们意见不一，有人认为强人工智能或超人工智能在十几年或数十年内将转变为现实，甚至有些人因此而以极其悲观的态度来预设人类的未来，但是没有人能够精准地预测其发展趋势。大部分人倾向于过于乐观地预测全局大势，而过于悲观地估计局部进展。当前，生成式人工智能以超乎想象的速度在教育、医疗、自动驾驶等领域中不断取得突破性进展，而人工智能的整体发展状况，尤其是重大的核心技术突破，几乎每一步都比多数人预测得更晚一些。[一]

一、由机械智能到思维智能和情感智能

马斯克表示，最早于2025年，通用人工智能（强人工智能）就会实现。在技术方面，通用人工智能的进步速度超乎寻常，这就意味着，通用人工智能的实现可能会比大多数专家预测的要早得多[二]。肖恩·杰里什从普遍意义上对未来五十年人工智能的发展提出设想，认为其中既有不变的因素，也有变化的可能：首先，未来创造的人工智能必然仍将遵照特定的程序运行。这是由创造人工智能的媒介以及人类生活世界的物理规律所决定的。只不过，其程序将变得越来越复杂，而且要弄清楚它们在做什么会变得越来越困难，但它们执行的每一个动作都可以追溯到一组特定的指令。其次，能够越来越准确地复制人类智能和行为的机器将继续被制造，直到它们在感知和推理能力方面与人类没有明显的差别，

[一] 李开复，王咏刚．人工智能［M］．北京：文化发展出版社，2017：123-127.

[二] SKINNER J. 生成式 AI：人工智能的未来［M］．张雅琪，译．北京：中信出版集团，2023：40.

甚至这些机器会在很多方面比人类更出色。无论人类是否能够接纳它们，只要硬件、理论以及软件架构在持续进步，就会激励人们不断创造这些机器，并使其达到并超越人类的能力。这其中既有经济和商业因素的推动，也有人类本性中好奇心和审美意识的启发。[一]

纵观人工智能发展的历史，可以发现其先后经历了从机械到思维，从思维到情感的转变。机械人工智能最为简单，而且大部分已经完成。思维人工智能难易程度居中，也是当前创新力度较大的领域。思维智能又分为分析智能和直觉智能。作为思维智能的基础层次，分析智能主要是基于“大”数据进行系统学习或适应。而直觉智能属于思维智能的高级层次，也是介于思维和情感人工智能之间的中间层次。直觉智能可以在理解的基础上进行学习和适应。情感人工智能则是人工智能最难的阶段，且实现这方面的能力，或许还需要几十年的时间。[二]

如果将来的生成式人工智能可以同时具备思维智能和情感智能，并且能够在不同场景中穿梭自如，那么，通用人工智能或者超级人工智能也就为时不远了。然而，杰瑞·卡普兰认为，超级人工智能诞生并威胁人类这件事发生的概率几乎微乎其微。AI 尽管已经足够强大，但它仍然是工具。而人们制造它们的目的是让其帮助人类完成此前只能由人类胜任的部分任务或工作。“人工智能威胁论”之所以广为流行，根本原因在于人们习惯于将人工智能人格化。[三]公众更习惯关注于问题中危险的一面，常常会夸大危险概率较小的风险事件，得出与专业人士截然相反的判断。例如，很多人总是对无人驾驶汽车可能伤及人类生命忧心忡忡。实际上，无人驾驶只是一套机器系统，它们并不会真正做出决策。它们只是根据对环境的感知，按照某种特定的原则和设计做出反应，而人类

[一] GERRISH S. How smart machines think［M］. Cambridge：The MIT Press，2018：265-267.

[二] RUST R T，黄明蕙．情感经济：人工智能颠覆性变革与人类未来［M］. 彭相珍，译．北京：中译出版社，2022：61，287.

[三] 王咏刚．AI 只是人类的工具：专访杰瑞·卡普兰［EB/OL］.（2017-01-07）［2025-01-22］. https://zhuanlan. zhihu. com/p/24761876.

对于整套系统的感知和反馈模式拥有完全的控制权。如果它们做了什么不符合人类社会准则的事情，那一定是因为设计者在设计过程中犯了错误。截至目前，人们所面临的仅仅是一系列工程设计上的问题。但即便如此，也必须确保包括生成式人工智能在内的人工智能产品和服务符合人类的愿望、预期和福祉。这件事情与桥梁工程师要设计建造不会坍塌的桥梁，土木工程师要设计建造质量安全可靠的房屋是同样的道理。生成式人工智能越是强大，其蕴含的不确定性因素越多，愈发需要小心翼翼地对待和使用它们，始终抱有敬畏之心。2017 年初，在加利福尼亚州阿西洛马举行的 Beneficial AI 会议上（见图 3-1），近千名人工智能和机器人领域的专家，联合签署通过了阿西洛马人工智能 23 条基本原则，呼吁全世界在发展人工智能的时候遵守这些原则，共同保障人类未来的伦理、利益和安全[㊀]。这 23 条原则由“生命未来研究所”牵头制定，其核心成员有霍金和马斯克等。这些原则的提出旨在确保人类在发展新兴技术的同时要注意规制风险。阿西洛马人工智能原则也因此被认为是颇为著名的阿西莫夫三定律的升级版，涉及科研问题、道德标准、价值观念和未来发展等。[㊁]

图 3-1 Beneficial AI 会议的小组讨论会场景

㊀ RUST R T，黄明蕙．情感经济：人工智能颠覆性变革与人类未来［M］．彭相珍，译．北京：中译出版社，2022：76，239.

㊁ 李开复，王咏刚．人工智能［M］．北京：文化发展出版社，2017：123-125.

二、生成式人工智能兼具部分思维智能与情感智能

实际上，生成式人工智能既不完全属于思维人工智能，又不是纯粹的情感人工智能，而是部分思维智能与情感智能的融合。一方面，思维人工智能强调模拟人类的思维过程，例如推理、分析、判断和决策等。当前的生成式人工智能在某些领域已经在一定程度上表现出类似人类的思维能力，尤其是在思维智能中的分析智能方面有着卓越表现。然而，目前生成式人工智能的“思维”并非真正意义上的人类思维，它缺乏人类思维的灵活性、创造性和对世界的深入理解，而只是基于数据和算法进行模式识别和生成，不具备自我意识、抽象思维和对复杂情境的综合判断及逻辑推理能力。因此，在直觉智能和情感智能方面，生成式人工智能还较为欠缺，并存在较大的发展空间。事实上，生成式人工智能已经开始在这些领域做出大胆尝试和探索。例如，生成式人工智能在某些应用场景中已然涉及捕捉人类的情感因素，通过生成带有一定感情色彩的文本、音乐或图像，可以在一定程度上帮助人类消解负面情绪，抚慰受伤的心灵，满足人们特定的情感需求。

三、通用人工智能时代已然降临了吗?

生成式人工智能（AIGC）的蓬勃发展是否标志着通用人工智能（AGI）时代的到来呢？实际上，不仅关于智能与人工智能的定义没有统一观点，而且关于生成式人工智能和通用人工智能的内涵也存在诸多争议。有学者认为，通用人工智能指的是一种极其复杂、灵活的人工智能，不仅能完成图像分类或跨语种文本翻译等任务，还能模拟人类的一切认知能力，如分析、创造等。[㊀]戈策尔则指出，AGI 的核心假设是“范围明显窄的创造和研究（如人类水平）以及概括能力强的合成智能的创造与

㊀ 李飞飞．我看见的世界：李飞飞自传［M］．赵灿，译．北京：中信出版集团，2024：356.

研究，与范围更为狭窄、概括能力亦弱得多的合成智能的创造和研究，在本质上是不同的”㊀。

对于通用人工智能是一个真问题还是一个伪问题，即其能否实现，也存在着不同观点。例如，牛津大学哲学教授鲍斯彻姆认为，人工智能的子领域刚刚形成，但“通用人工智能”却是用来指代“真正的人工智能”的术语，由此，新出现的共识错失了“通用性”（Generality）。㊁张钹院士亦从人工智能内部机制的角度提出了类似的问题。“双空间模型模仿了大脑的工作机制，但由于对大脑的工作机制了解得很少，这条道路存在某些不确定性，比如，机器通过与环境的交互学习（强化学习）所建立的‘内在语义’，与人类通过感知所获取的‘内在语义’是否一样，机器是否也能具有意识等，目前还不能肯定。尽管存在这些困难，但可以相信机器只要朝这个方向迈出一步，就会更接近于真正的AI。”㊂

与此同时，兰格雷布等学者指出，存在两个数学理由说明人类不可能造就AGI，具体如下：第一，人类缺乏作为AGI设计出发点且足够明晰的数学模型；第二，机器学习的自动模型无法扩展至处理人们的自然对话。由于2022年ChatGPT以及GPT系列大模型的出现，第二点已经不再成立，但是第一点似乎还有效，目前尚未发现足够明晰的数学模型。㊃尽管对于AGI，不同学者的理解不同，然而学界关于AGI具备的共性特征进行了大量分析与探讨，一致认为AGI不仅要在智能水平上达到前所未有的高度，同时更要具备“通用性”特征，也即具备在不同环境和语境中能够完成多种任务并解决复杂问题的能力。

关于AGI的基本特征，有学者将其概括为：第一，能够完成无限的任务而非只能完成人类定义的有限领域的部分任务。通用人工智能之前

㊀ GOERTZEL B，PENNACHIN C. Artificial general intelligence［M］. Berlin：Springer-Verlag. 2007：3.

㊁ 杨庆峰. 通用人工智能是多模态吗?［J］. 哲学动态，2024（9）：43-48，126.

㊂ 张钹，朱军，苏航. 迈向第三代人工智能［J］. 中国科学，2020（9）：1281-1302.

㊃ 杨庆峰. 通用人工智能是多模态吗?［J］. 哲学动态，2024（9）：43-48，126.

的人工智能系统往往是针对特定任务进行优化和训练的，例如机器翻译、文本生成等，然而 AGI 旨在模拟人类智能，具备处理和解决各种不同领域和类型任务的能力。AGI 要具备广泛的知识、推理、学习和适应能力，以便在不同情境和语境中能够灵活应对各种复杂问题。第二，能够在不同场景中自主发现任务，即做到我们通常所说的“有眼力见儿”。通用人工智能不再是一种被动执行特定任务的人工智能系统，而是一种主动型的 AI，不仅能够主动分析并理解当前场景或语境中的信息，而且能够识别出可能的任务或问题，获取所需信息或执行特定操作，进而提供多种解决方案。这种自主发现、分析和解决问题的能力对于 AGI 而言非常重要，也是判断 AI 是否具有真正通用性智能的核心能力。第三，有自主的价值来驱动而非被动地由数据驱动。此前阶段数据驱动的 AI 系统能够分析和处理大量数据得出相应结论或做出决策，而人们对 AGI 的普遍期望是其能够具备类似人类的认知、思考、情感和价值判断等能力，不仅能够理解和解释数据，而且还能够基于特定价值观和道德原则做出合乎逻辑、合乎道德、合乎情理的决策。㊀

生成式人工智能的狂飙突进是否标志着通用人工智能时代已然降临呢？当前的主流观点认为，GPT 是正在向高层级 AGI 迈进的 AIGC 落地产品，GPT 通过对自然语言可执行的文本生成和语言翻译等任务的处理，其智能逐渐接近 AGI 智能。例如，GPT 不仅能够恰当地理解并回应人们的指令，这一能力已经令人惊叹不已，而且凭借其庞大的知识库和强大的数据处理能力，常常能够比人类更好地回答问题。此外，如今人工智能生成的图像和音乐几乎与人类创作的作品难以区分。㊁对于 GPT 的“智商”水平究竟如何，有学者将其与不同类型的人群进行比较，通过“巴西智力测试”，得出其智商分数超越高等学位者甚至优于大学教授的

㊀ 刘伟. 通用人工智能的现实困境［J］. 哲学动态，2024（9）：37-42，126.

㊁ CHEN L，CHEN X，WU S，et al. The future of ChatGPT-enabled labor market：a preliminary study［J］. arXiv，No. 2304. 09823，2023：1-11.

结论。[㊀]由于生成空间生成的内容和知识基于对数据集（可能大到包括人类积累的全部数据）的学习，因此它们所体现的正是人类总体的平均智能和创造力水平[㊁]，甚至在有些领域中还会超越常人。

沃尔弗拉姆指出，GPT 在语言方面获得巨大成功的原因在于“语言在根本上比它看起来更简单……即使是具有简单的神经网络结构的 ChatGPT，也能够成功地捕捉人类语言的‘本质’和背后的思维方式”[㊂]。然而实际上，GPT 距离高水平的 AGI 还有相当遥远的距离，以 AGI 具备的常识推理及其掌握的语言逻辑而言，它只能对输入文本做出一种看似令人惊叹的概率优化的输出回答。[㊃]因此，大模型是在海量又有限的语句集的基础上进行训练的，它不是将整个训练集存储在其权重之中，而是通过训练数据获得内部的潜在表征模式。这既为其具备一定的泛化能力奠定了基础，使其能够以具有一定新意的响应来回应超出训练集的新查询，甚至能在所有可能语句与自然语言任务的空间中进行泛化。然而，其终究无法窥探语言的真正本质，而只是通过大模型的计算理性把握语言的潜在表征与特定规律。

综上所述，目前的生成式人工智能并未成为通用人工智能时代降临的重要标志，而至多可以算作通往通用人工智能道路上的一个重要里程碑。尽管生成式人工智能技术更新迭代速度之迅猛、功能之强大时常令人赞叹，但其中部分原因可能源于公众对人工智能的认知与期待和现实的新兴技术发展之间的差距。因为生成式人工智能的诞生及其迅速发展，

㊀ Radford University. What does generative AI mean for business analytics? [EB/OL]. (2023-12-21) [2025-01-22]. https://online. radford. edu/degrees/business/mba/business-analytics/generative-ai/; BROWN T, MANN B, RYDER N, et al. Language models are few-shot learners [J]. arXiv, No. 2005. 14165, 2020: 40-72.

㊁ 段伟文．走向通用人工智能之路与人类智能的可塑性重建［J］．哲学动态，2024（9）：55-62，126.

㊂ 沃尔弗拉姆．这就是 ChatGPT［M］．WOLFRAM 传媒汉化小组，译．北京：人民邮电出版社，2023：83.

㊃ 何大安．通用人工智能的技术、经济与文化［J］．学术月刊，2024，56（11）：53-65.

与以往的机器或科技有着质的差别，远远超出人们以往对人工智能的了解和预判。如果站在更加客观而理性的立场上来审视，生成式人工智能反映的仅是人类智能的总体平均水平，其现有生成内容还多少带有平庸化和同质化等倾向。唯有通过对其加以批判性学习，注重评价、洞察、情感、价值观和判断力等方面的训练，才能产生更加具有创造性的人工智能。那么，生成式人工智能为人类开启了怎样的全新未来呢？

第二节 生成式人工智能的演进态势

无论人们愿意与否，喜欢与否，接纳与否，生成式人工智能和其他技术一样具备一定的自主性，有其内在的演进逻辑与客观规律。当然，这种自主性并非完全意义上的独立性，生成式人工智能无论发展到何种程度都始终与人类和社会等各个方面的复杂因素发生着持续性的多维互动。ImageNet 创建者李飞飞曾指出，“大语言模型很容易出现荒谬的概念性失误，也乐于编造听起来合理但实际上毫无意义的胡言乱语。了解这些事实有助于避免过分迷恋模型的能力。然而，随着大语言模型生成的文本、图像、语音和视频越来越复杂，真与假之间的界限也愈加模糊。越来越多的评论家开始质疑，为人类敲响警钟：作为个人、机构，甚至社会，我们究竟有没有能力区分真实和虚构？当人们意识到这一切还只是 1.0 版本时，这种发问尤其令人警醒”㊀。其实，生成式人工智能虽然在当下还不够完美，但其已经在逐渐适应并影响外在环境。为了更好地引领和把握生成式人工智能的发展方向，我们必须首先深入剖析其当前的发展态势。

㊀ 李飞飞．我看见的世界：李飞飞自传［M］．赵灿，译．北京：中信出版集团，2024：411-412.

一、自然语言处理能力的突破与局限

自然语言处理，一直以来是人工智能领域中备受关注的热门领域之一。近年来，大语言模型的迅猛崛起，无疑为自然语言处理带来了一场意义深远的变革。这些大模型凭借其强大的参数规模和算法架构，在诸如文本生成、机器翻译、问答系统等诸多自然语言处理任务中取得有目共睹的重大突破。在未来，它将具备更加强大的自然语言理解、知识推理和内容生成能力，“万物皆可生成”或许在某种程度上即将成为现实。而且根据现有发展规律预测，大模型的训练和推理速度在未来将大幅度提升，使得其在更短的时间内能够处理更多任务，适用于更广泛的应用场景。大语言模型在未来将能够同时处理多种类型的数据，能够在更多场景和领域中为人们提供有价值的信息，以解决更加复杂的多模态问题，进而形成更强大的跨领域学习推理能力、迁移学习能力和抽象能力。不仅知其然，而且知其所以然，甚至在一定程度上可以学习或模仿人类的直觉、经验和常识。众所周知，常识具有普遍性、直觉性和实用性的特征，大语言模型通过对大规模语料库的学习，将能够一定程度上理解和掌握一些比较常见而简单的常识知识。

然而，当前的大语言模型在震惊世人的同时，依然还存在一系列缺陷和短板，距离具备自我意识还有很大差距，在理解语义、逻辑推理和创造性思维等方面还存在着明显局限[1]。其一，大多数大模型的训练高度依赖大数据，然而数据规模越庞大，其存在的问题也越多。例如，数据质量参差不齐，数据集中可能包含错误甚至有害信息，这些有质量问题的数据会对模型的训练和输出产生负面影响，导致模型生成的内容出现失误、偏差、不准确或不合理的情况。同时，由于体量庞大的数据分布不均衡，某些领域或主题的数据相对匮乏，而另一些领域中的数据则

[1] 赵汀阳．人工智能还给人类的思维难题［J］．中国社会科学，2024（8）：101-123，206.

过度饱和，由此使得模型在处理不同领域任务的时候性能存在显著差别。目前，虽然大语言模型能够生成看似合理的文本，但它们并不具备真正的语言理解能力，很多时候无法理解和把握其真实含义，提供的答案也经不起推敲。因为它们更多的是基于统计规律和模式匹配来生成内容，与“理解”无关。很多大模型在展现出卓越的反馈速度和生成能力的时候，也无法逃避“流利但失实”的质疑。一旦人机交互中的输入或提示超出大数据涵盖的边界，致使其回应失去人类语料的语境支撑，大语言模型便会陷入困境。而之所以频频发生类似情况，归根结底在于大模型缺乏自主语境，不具有真正的理解能力。[㊀]还有就是在面临隐喻、反讽、幽默等复杂语言现象时，一些模型时常表现出理解困难，而无法做出相应回应。

而且，大语言模型在情境适应性方面还有待提升。因为大模型通常是利用大规模通用数据进行训练的，难以快速适应特定的情景和任务要求。而在不同领域的实际应用之中，不同场景可能需要模型具备不同的专业知识、语言风格、表达方式等，还会涉及大量不同专业的专业术语和理论逻辑。然而，现有的大语言模型还难以满足这些高难度、定制化需求。更为重要的是，隐性知识其实很难以被大语言模型有效学习。所谓隐性知识，是指那些“只可意会不可言传”以及通常通过实践和经验积累的感性知识。这类知识在人类社会发展和文化交流过程中具有重要作用，但由于其难以格式化和编码化，大语言模型很难对其展开学习和利用，由此导致大模型在处理人类复杂情感和社会交往实践的相关任务时，往往显得力不从心。

鉴于上述困难，大语言模型要在自然语言处理领域取得真正突破和实质性进展，或许还有很长的路要走。这不仅需要大力提升数据的质量和丰富性，通过更严格的数据筛选和标注流程，确保训练数据来源的准确性和可靠性，还要加强对不同领域数据的收集、整理和编码，尤其是

㊀ 王天恩．人工智能通用化及其实用途径［J］．中国社会科学，2024（3）：105-124，205.

要关注少数群体或弱势群体使用的语言文字或沿袭的文化风俗等，以免他们被大模型“忽视”和“遗忘”。提升模型对语言的深度理解和推理能力并非易事，这不仅需要深入研究语言的本质和实质，而且也要探索更有效的语义和语用分析方法。另外，情境适应性的相关研究也需要进一步加强，只有开发更灵活而又智能的模型架构，才能使其迅速适应不同的情境和任务需求。而隐性知识也有必要成为大模型学习的对象，唯有如此，大模型才能不断向人类学习新的知识和经验，从而变得更加完善，接近人类智能。

二、可解释性与可信赖性的提升与瓶颈

可解释性与可信赖性不仅是解决算法黑箱的关键所在，而且与模型的透明度密切相关，是人类理解算法、信任算法以及掌握算法的重要着力点[㊀]。算法黑箱首先是一个技术问题，其解决依赖于算法核心技术的突破。例如，引入可解释人工智能加以技术辅助、通过可视化技术对复杂模型的中间过程和参数进行展示、通过规则归纳和简化模型来提升模型的可解释性等技术方法正处于探索之中。[㊁]

例如，在图像识别领域，对于一个用于识别猫和狗的深度神经网络模型，可使用 LIME 进行解释。当模型判断一张图片中的动物是猫时，LIME 会在该图片的局部区域生成一些微小的变化，然后观察这些变化如何影响模型的预测结果。通过构建一个简单的线性模型来分析这些变化与预测结果之间的关系，就可以解释模型是基于图片中的哪些特征（如耳朵形状、脸部轮廓等）做出“这是猫”的判断。而 SHAP 值方法则可以量化每个像素点对模型判断的贡献大小，从而帮助研究人员更深入地

㊀ 纪守领，李进锋，杜天宇．机器学习模型可解释性方法、应用与安全研究综述［J］．计算机研究与发展，2019（10）：2071-2096.

㊁ 张珺皓．算法黑箱研究：基于认知科学的视角［J/OL］．（2025-01-07）［2025-03-20］．https://doi.org/10.16192/j.cnki.1003-2053.20250107.001.

了解模型的决策依据。谷歌的 TensorFlow 项目是一个端到端开源机器学习平台，它详细公开了模型的架构、训练方法以及相关代码。开发者可以清晰地看到模型是如何构建的，使用了哪些算法和技术，以及训练过程中的参数设置。这种透明度使得研究人员和开发者能够对模型进行深入的研究和改进，同时也提升了用户对 TensorFlow 的信任度。

然而，算法可解释性与可信赖性的提升也面临着诸多瓶颈问题：其一，由于当前大模型参数规模巨大且持续增长，在一定程度上也会造成算法可解释性的下降，导致算法透明性更加难以实现。技术的快速更迭使大模型存储了海量知识，能够在一定程度上“理解”人类语言并使用人类语言进行输出和表达，但与此相伴的算法解释愈发困难。[一]截至目前，多位学者在相关文章中指出，由于成本过高，参数量达千亿的算法模型难以实现完全的算法解释。[二]而算法的可解释性又构成其可信赖性的前提和基础。因此，生成式人工智能的底层逻辑与技术架构的复杂性在一定程度上制约着算法的可解释性与可信赖性。而且，算法透明性也是一把双刃剑，有研究表明，即使透明模型是错误的，不应该被信赖，人类也会更加信赖错误的透明模型。[三]也就是说，即使能够确保模型的解释是真实的，构建一个具有强大解释能力的系统或许有助于控制它，但如果被“论争性的推理理论”[四]所说服，那么这也可能使得系统

㊀ 张旭芳．生成式人工智能的算法安全风险及治理路径［J］．江西社会科学，2024（8）：90-100.

㊁ HACKER P，ENGEL A，MAUER M. Regulating ChatGPT and other large generative AI models［C］//Proceedings of the 2023 ACM Conference on Fairness，Accountability，and Transparency，2023；WEIDINGER L，UESATO J，RAUH M. Taxonomy of risks posed by language models［C］//Proceedings of the 2022 ACM Conference on Fairness，Accountability，and Transparency，2022；FRANZONI V. From black box to glass box：advancing transparency in artificial intelligence systems for ethical and trustworthy AI［C］//International Conference on Computational Science and Its Applications. Cham：Springer Nature Switzerland，2023.

㊂ CHRISTIAN B. 人机对齐：如何让人工智能学习人类价值观［M］. 唐璐，译．长沙：湖南科学技术出版社，2023：241.

㊃ 雨果·梅塞尔和丹·斯珀伯指出，人类推理能力的发展，并不是因为它帮助我们做出更好的决定和对世界持有更准确的信念，而是因为它帮助我们赢得争论并说服他人。

控制人类。[一]

其二，生成式人工智能具有自组织性及广泛的适应性，导致算法违规更难追责和问责。因此，算法黑箱不仅仅是一个单纯的技术问题，同时还涉及规范层面。从权力角度而言，算法黑箱意味着其拥有难以追责和问责的权力。这种权力与责任不对等的现象在很大程度上是由算法黑箱造成的信息不对称导致的。[二]而算法黑箱的权力异化又会导致算法僭越和算法越权，因此需要促使算法回归应有的轨道，达到算法归位的效果。从权利层面观之，算法黑箱意味着算法歧视、算法偏见和算法不平等。这就需要从隐私保护、损害责任、数据权益维护和特殊群体保护等方面进行深入分析和探讨。[三]我国制定的《互联网信息服务算法推荐管理规定》提倡主体责任制，正是建立在算法透明的基础之上。在实践操作层面，由于研发人员及部署人员无法真正完全控制算法模型，以传统的因果关系论视角来看，很难直接证明生成式人工智能研发者或部署者与损害结果之间的因果关系。[四]

由上可知，我们应当对算法解释性和信赖性秉持更加开放包容的态度，追求算法的局部解释或近似解释，实现算法的相对透明而非绝对透明或许是最佳方案之一。鉴于算法与人类的思维逻辑有着本质区别，解释并非需要将庞大算法模型中的所有向量都公开，使其绝对透明，而是在人类与机器决策者之间建立一个交互平台，使其既能体现决策者的精确代理，又能为人类理解和信任。[五]

㊀ CHRISTIAN B. 人机对齐：如何让人工智能学习人类价值观［M］. 唐璐，译 . 长沙：湖南科学技术出版社，2023：242.

㊁ 张珺皓 . 算法黑箱研究：基于认知科学的视角［J/OL］.（2025-01-07）［2025-03-20］. https://doi. org/10. 16192/j. cnki. 1003-2053. 20250107. 001.

㊂ 李佳伦 . 算法僭越的归位治理［J］. 法学评论，2024，42（4）：138-149.

㊃ 张旭芳 . 生成式人工智能的算法安全风险及治理路径［J］. 江西社会科学，2024（8）：90-100.

㊄ 苏宇 . 算法解释制度的体系化构建［J］. 东方法学，2024（1）：81-95.

三、数据安全和隐私保护的推进与掣肘

生成式人工智能大模型研发与训练需要海量数据，使得数据安全和隐私保护的问题日益凸显，由此技术方面的快速更新迭代不仅要确保性能提升，而且也要朝着更好地尊重用户隐私和保护数据安全的方向发展。目前，联邦学习（Federated Learning）、差分隐私（Differential Privacy）、同态加密（Homomorphic Encryption）、零知识证明（Zero-Knowledge Proof）等技术崭露头角，使得数据安全与隐私保护也在持续创新与完善之中。通过多种技术的协同应用，有望在提升模型性能的同时，为生成式人工智能的广泛应用奠定坚实的技术基础。

基于混淆机制的差分隐私是一种通过随机扰动实现数据隐私保护的技术架构，其技术原理是在数据发布、训练或分析过程中，向数据中添加精心校准的随机噪声，进而确保单个数据记录的隐私与安全。即使对数据集中的某条数据进行修改，算法的输出结果对其变化也不会非常敏感，因此，可以有效抵御差分攻击。[㊀]而且，即使攻击者已经掌握了数据集中的其他数据记录，并且能够对数据集展开一定分析，也无法确定某一特定记录是否存在于数据集之中。

同态加密技术是一类特殊的加密方法，除了能够实现基本的加密操作以外，还能实现密文间的多种计算功能，即先计算后解密可等价于先解密后计算。也就是说，它可以在加密态下进行算术运算，无须解密即可执行计算，在数据查询过程中能够有效防止信息泄露，保障数据安全。[㊁]

联邦学习，作为一种分布式学习方式，能够很好地实现本地训练与

㊀ 李梦倩，田有亮，张军鹏，等．基于零集中差分隐私的联邦学习激励方案［J］．通信学报，2025（1）：79-92.

㊁ 党翠萍．基于同态加密技术的数据查询隐私保护研究［J］．信息记录材料，2025（2）：120-122.

远程聚合，进而有效保护用户的数据隐私和安全，但其也面临着推理攻击和投毒攻击等一系列挑战。㊀零知识证明机制的提出，主要是为了应对区块链中的“不可能三角”问题。零知识证明打破了传统由中央授权机构或可信第三方管理和分发密钥的模式，提出了密文数据共享与访问控制的方案。这种方案不仅可以实现有效的数据隐私保护，还可以大幅降低链上开销。㊁

实际上，生成式人工智能大模型的研发、训练及应用是一个涵盖多个环节步骤的复杂流程。数据准备是起始性环节，这一阶段的主要任务是收集海量数据，这些数据来源广泛，包括但不仅仅限于互联网文本、图像库、传感器数据等，在此阶段收集的数据的数量和质量将对模型的性能具有重要影响。数据清洗阶段的主要工作是对收集到的海量数据进行预处理，包括去除噪声数据、纠正错误标注以及处理缺失值等。模型训练是整个流程的关键环节，在此需要通过利用多种机器学习算法，对清洗后的数据进行学习，进而使模型能够捕捉到数据中的复杂模式、结构规律以及特征表示。模型部署是指将训练结束后的模型应用到实际场景中完成各种任务，如文本生成、图像合成、智能对话等。然而，由于大模型具有开放性和可扩展性，它在训练和推理过程中面临着数据投毒、对抗攻击、数据泄露、后门植入等安全威胁。数据投毒是一种常见的攻击手段，攻击者可能会向大模型的训练数据库中加入恶意篡改的样本和有害信息，从而操纵程序在推理阶段的输出结果㊂。对抗攻击则是指攻击者通过对输入数据添加微小的扰动，使模型产生错误的输出结果，而且这种扰动在人类感知层面上往往很难被察觉。数据泄露通常是由于模型训练和应用过程中对数据处理不当，导致敏感数据被泄露，进而给用

㊀ 李功丽，刘芳芳，雷宏志，等．面向异构数据的安全自适应联邦学习框架［J/OL］．(2025-03-07)［2025-03-20］．https://doi.org/10.19734/j.issn.1001-3695.2024.07.0346.

㊁ 任志鑫，闫恩华，陈韬伟，等．基于零知识证明的区块链密文数据共享与访问控制方案［J/OL］．(2024-12-10)［2025-03-20］．https://doi.org/10.13190/j.jbupt.2023-216.

㊂ 方彪．审慎应对生成式人工智能新发展［N］．中国社会科学报，2023-08-21.

户隐私和数据安全带来严重风险。在模型训练阶段，攻击者可能会通过植入后门，使模型在特定触发条件下执行恶意操作，绕过模型的安全限制或过滤器，进而操纵模型执行未经授权的行为或生成包含敏感信息、虚假信息或违背伦理道德的不当内容，并最终导致服务不可用。2025 年 1 月底，DeepSeek（深度求索）推出的 DeepSeek-R1 和 DeepSeek-V3 模型凭借其在数学、代码、自然语言推理等任务上的优异性能而大受欢迎，接连在多个平台上线。但与此同时，DeepSeek 线上服务也受到大规模网络攻击，多次出现服务中断等情况，引发了国内外安全业界的高度关注。㊀

综上所述，虽然数据安全和隐私保护成为生成式人工智能蓬勃发展时代的重要课题，但是技术突破和进展在数据隐私保护、安全计算等方面发挥着无可替代的作用，为解决数据安全和隐私问题提供了前所未有的机遇。

四、深度人机融合与多模态生成式人工智能的实现与隐忧

在人机协作方面，生成式人工智能将实现深度融合与跨领域协作，逐渐具备情感智能、同理心和审美能力等，能够在一定意义上理解人类的情感和需求，并且做出相应的情感回应。当前，情感智能的研究正在逐步推进，而人工智能在理解和表达情感方面通过图灵测试，不过是一个时间问题（可能只有几十年的过渡期）。然而，机器只能以机器的方式，而不是人类的方式感受、理解和表达情感。人类智能与人工智能的协同合作将在不同领域中以多种方式展开，从而增进人类福祉。例如，生成式人工智能在图像识别领域中的应用，有助于识别潜在的皮肤癌病例，而医生则需要对人工智能判定结果进行综合判断和科学审核，并通过与患者的互动和沟通来实现情感沟通。在心理疗愈方面，生成式人工智能可以用于帮助抑郁症检测和治疗、帮助自闭症患者识别和标注情绪。

㊀ 郭媛丹，马俊．DeepSeek 遭网攻，为大模型安全敲警钟［N］．环球时报，2025-02-06.

而情感智能能够帮助人们精准分析、识别、模拟人类的互动和情绪，因此，它在很多方面能够助力人类情商的塑造和培养。如今，人们对生成式人工智能的定位已经不再仅仅是完成特定领域的任务，或者达成某些领域中的目标，而是能够成为像人类一样思考、感受和行动的机器（如识别、模拟和适当地回应人类的情绪）。情感智能的快速发展表明，机器模仿人类神经系统来捕捉人类情感具备可能性，就像神经网络模仿人类的认知思维过程一样。[一]因此，生成式人工智能将来有可能实现以更加接近人类的方式理解、体验、表达甚至反馈情绪。

然而，深度人机融合与多模态生成式人工智能带来的风险挑战也不容忽视。例如，自动化偏见问题。2024 年 11 月，美国安全与新兴技术中心发布《人工智能安全与自动化偏见：人机交互的风险》。该报告指出，自动化偏见是人工智能部署中的一个关键问题，它可能导致用户出错。而出错的根本原因在于人类用户过度依赖人工智能系统。如果对其盲目相信，听之任之，很有可能导致对人工智能和自主系统的用户甚至无辜的旁观者造成伤害。[二]

综上所述，生成式人工智能在未来将呈现多维度进展，深刻影响各行业生态与人类交互模式，为人类的生产、生活、学习和工作方式以及思维方式和价值观念带来前所未有的机遇和挑战。在充分发挥其技术优势的同时，也要不断关注技术发展引发的社会、伦理、安全等问题，确保生成式人工智能朝着更加安全、和谐、可持续的方向发展。

[一] RUST R T，黄明蕙．情感经济：人工智能颠覆性变革与人类未来［M］．彭相珍，译．北京：中译出版社，2022：268.

[二] 元战略智库高级研究员．美国安全与新兴技术中心发布！《人工智能安全与自动化偏见：人机交互的风险》［EB/OL］．（2025-01-02）［2025-03-06］．https://mp.weixin.qq.com/s/zDYYMGcgt75vLVlWxwL6_g.

第三节 生成式人工智能的未来图景

2024年11月，中国互联网络信息中心（CNNIC）发布的《生成式人工智能应用发展报告（2024）》显示，截至2024年7月，为公众提供服务的生成式人工智能服务大模型已达190多个；截至2024年11月，我国共有309个生成式人工智能产品完成备案（具体见表3-1）。截至2024年6月，我国有3.5亿人表示自己听说过生成式人工智能产品，占整体人口的24.8%；有2.3亿人表示自己使用过生成式人工智能产品，占整体人口的16.4%，如图3-2、图3-3所示。[㊀]生成式人工智能未来会朝着何种方向发展，或许答案并非唯一。从根本上而言，这一问题涉及如何审视科学技术与人类生存的关系问题。生成式人工智能等新兴科技，为人类生存敞开了更多可能性，也带来了更多的不确定因素。而我们能够做且应该做的是在诸多可能性中寻求一种或多种最优方案。生成式人工智能的强势崛起，本质上对人类智能的独特性构成了前所未有的挑战。传统意义上，人类智能被认为是世界上独一无二的且不可替代的存在，因其具备人类所独有的认知、情感、意志、信念、价值判断和创造性等能力。然而，生成式人工智能在诸多方面表现出的卓越性能，使其与人类智能之间的边界正在发生变化。这是否意味着人类智能的独特优势正在被消解，还是生成式人工智能仅是部分人类智能的映射与延伸，抑或揭示了人类智能曾经鲜为人知的面相？

㊀ 工信洞察系列报告编委会. 生成式人工智能应用发展报告（2024）[R]. 北京：中国互联网络信息中心，2024：1-8.

表 3-1 《生成式人工智能已备案信息》的产品属地与数量分布

属　地	数　量	属　地	数　量
北京	96	上海	84
广东	36	浙江	25
江苏	18	四川	9
贵州	5	湖南	4
山东	4	天津	4
河北	3	重庆	3
海南	2	安徽	1
福建	1	河南	1
黑龙江	1	湖北	1
江西	1	辽宁	1
宁夏	1	陕西	1
云南	1	国资委	6

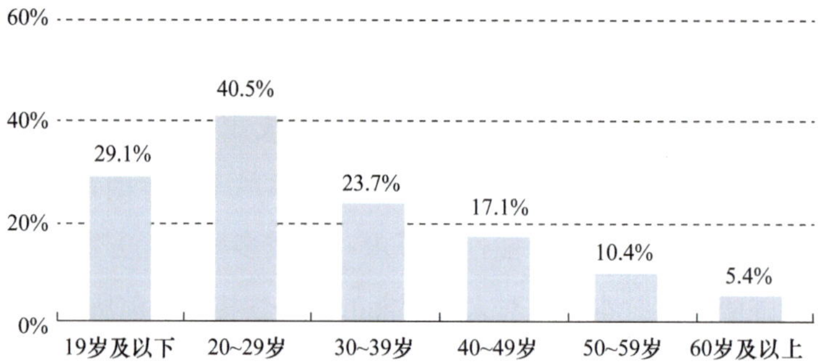

图 3-2 各年龄段网民使用生成式人工智能产品的比例

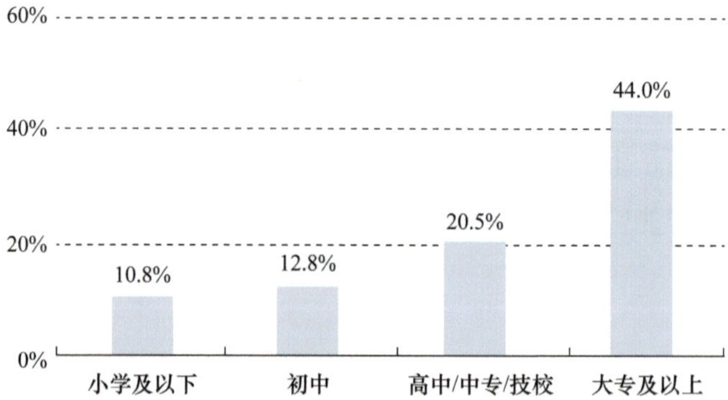

图 3-3 不同学历网民使用生成式人工智能产品的比例

（来源：2024 年 11 月 CNNIC 发布的《生成式人工智能应用发展报告（2024)》）

一、划定人机智能边界

正如泰波·费林和马蒂亚斯·霍尔韦格在《掌握关键理论：人工智能、人类认知与决策》报告中指出，人工智能基于数据的预测与人类基于理论的因果逻辑和推理有着本质区别。当前，人工智能在诸如游戏、标准化测试以及涉及高级思维和复杂推理的认知任务中，已经可以与人类相媲美，甚至超越人类。例如，人工智能在国际象棋比赛中可以轻松击败人类。几十年来，国际象棋一直是衡量人工智能能力的关键指标。现在，人工智能在复杂的象棋比赛中也表现得尤为突出。而这类游戏涉及复杂的谈判、与他人的互动、结盟、理解甚至欺骗。如今的人工智能大模型在各种专业资格考试，例如法律专业的司法考试和会计界的注册会计师考试等之中，成绩也胜过了 90%以上的考生。㊀这些令人瞩目的成绩使一些人工智能学者认为，即使是人类最具独特性的特质，比如意识，也将很快被机器复制。总之，人工智能正在迅速开发出能够“像人类一样思考”（即“理性思考”）和“像人类一样行动”（即“理性行动”）的算法。

这一观点已成为部分学者的共识，而并非个别学者的孤立见解。达文波特和柯比认为，算法比大多数人更加擅长对数据的挖掘与洞察，而且这种人类与机器之间的差别只会越来越大。㊁很多学者声称，人工智能很可能会在大多数（即使不是全部）推理和决策形式上超越人类。有人甚至认为，战略决策也可能会被人工智能所取代，甚至还有人提出科学家也将被实现自动化的“人工智能科学家”所取代。2018 年图灵奖及 2024 年诺贝尔物理学奖得主杰弗里·辛顿认为，大语言模型已经具备感

㊀ FELIN T, HOLWEG M. Theory is all you need: AI, human cognition, and causal reasoning [J]. Strategy science, 2024, 9 (4): 346-371.

㊁ DAVENPORT T H, KIRBY J. Only humans need apply: winners and losers in the age of smart machines [M]. Mew York: Harper Business, 2016: 29.

知能力和智能，“数字智能”将不可避免地超越人类的“生物智能”——如果尚未超越的话。[㊀]卡曼尼等认为，机器的认知和计算能力远超人类，因为人类存在不同程度的认知偏差，在关注和选取数据时具有选择性，并且容易受到证实性偏差、动机性推理以及数百种其他认知偏差的影响。也就是说，人类的理性是有限的，其计算和处理信息的能力往往容易受限，与计算机相比远远不及。[㊁]

然而，这种观点不免存在将人工智能的优势与人类智能的短板相比较的嫌疑，因此，费林与霍尔韦格提出了与这些主流乐观看法截然相反的观点：他们认为人工智能基于这样一种理念，即机器和人类认知都是信息处理的广义形式，属于一种输入-输出装置。然而这其实是站在人工智能的立场上对人类智能认知的一种偏见。他们提出了数据-信念非对称性的概念，其实质是人类在面对数据时，能够持有超越数据之上和之外的信念。这种信念驱使人们不断去探索未知，进行实验，进而生成新数据。因此，人类认知从根本上而言是前瞻性的、基于理论驱动的因果逻辑理解、认知和改造世界，这种逻辑不是简单的、线性的，基于历史数据进行预测，因为其不仅能够帮助人们认知现有数据，而且还能识别和生成新的具有独特性的数据。这种能力目前依然为人类所独有，它源于人类的生物进化历史，以及人类作为有机体的前瞻性思考。[㊂]

尽管生成式人工智能在模仿和推理方面取得了重要进展，但其发展依然高度依赖数据和算法。当遭遇超出以往训练数据和算法所构建的知识阈限的问题时，生成式人工智能往往会基于已有知识尽力给出合理推测和框架性建议，但无法保证十足的科学性和准确性。所谓生成式人工

㊀ 冯志伟，陈国华，李宇明，等．“辛顿·乔姆斯基·语言学发展”多人谈［J］．语言战略研究，2024（6）：5-17.

㊁ FELIN T，HOLWEG M. Theory is all you need：AI，human cognition，and causal reasoning［J］. Strategy science，2024，9（4）：346-371.

㊂ FELIN T，HOLWEG M. Theory is all you need：AI，human cognition，and causal reasoning［J］. Strategy science，2024，9（4）：346-371.

智能的创造性，实际上并非真正意义上的创新，而是基于训练数据的概率统计关联。虽然它可以将已有知识和数据重新排列组合，但这并不意味着它能够真正理解或推理出新知识。大多数生成式人工智能的输出受限于其训练数据的体量和质量，至今无法脱离大数据的喂养、强算法与大算力的支撑。在辅助决策领域，生成式人工智能的预测仅限于可预测的情况（通常是具有常规性、重复性和可预见的任务），然而，人类面临的太多重要决策是不可预测的、低概率的，甚至是充满不确定性和未知性的，与过往经验不存在直接关联的新问题或新情况。在这种意义上，依赖过往数据的生成式人工智能常常无法给出最佳决策方案。而人类在做出决策的时候，虽然会考量以往类似经验的因果关系，但不会完全拘泥于过往经验来做出现有决定，而是会基于新情况和新问题，结合过往经验和实践智慧进行综合决断。[⊖]

显而易见的是，人类智能的本质或许并非等同于其呈现方式或输出形式，而更在于其反思能力、批判思考能力、创造性思维能力与价值判断能力等。生成式人工智能虽然可以生成形式多样的内容，辅助人们做出各种决策，但它至今无法理解语义内容的真实含义与生活世界的复杂变换。生成式人工智能所带来的强烈冲击并非对人类智能的否定，而是对人类智能本质的一种外化呈现与重新界定。因此，人机智能的边界并非静态恒定，而是一直处于动态演化之中。此过程受到技术自身、人类认知、实践水平及历史文化、社会环境等多元因素的共同驱动。这些因素相互交织、相互作用，并始终处于持续的变革与重塑之中。

首先，生成式人工智能技术进步成为推进人机智能边界动态变化的关键因素。生成式人工智能的快速崛起，使其在自然语言处理、文本生成、图像生成等诸多领域中的表现接近甚至超越人类。事实上，人类在

⊖ FELIN T，HOLWEG M. Theory is all you need：AI，human cognition，and causal reasoning［J］. Strategy science，2024，9（4）：346-371.

与生成式人工智能的交互实践中，也在不断提升自身的智能水平和自主性，扩展和延伸人类智能的边界。截至目前，人类智能在价值判断、批判性思考以及创造性思维等方面依然具有无可比拟的独特优势。在这个意义上，生成式人工智能的技术进步不仅扩展和延伸了机器智能与人类智能各自的能力边界，也重新界定了人类与机器的互动方式。而且，纵观人工智能发展的历史，技术的每一次重大进步，都在重新划定人机智能的各自边界。

其次，人类的认知和实践水平构成人机智能不断演进的主体性之维。其实不仅人工智能具有生成性，人类智能也具有“生成性”属性，其既是自然界长期进化的产物，又是人类社会实践和社会交往的结果。这种“生成性”特征既体现出人类智能的生物基础，又深刻地揭示了其社会基础。生成式人工智能的问世，极大地扩展了人类的认知模式与思维方式。它通过强大的数据处理能力和内容生成能力，扩展了人类的感知与思维方式，重塑了人类的认知结构，使得人类与机器协同工作逐渐成为一种新范式。此外，生成式人工智能的诞生使人类的实践方式也发生根本性变革。人类的传统实践更多地依赖于直接的生活经验与技能训练，而生成式人工智能的出现则在一定程度上克服了经验与技能的个体局限，为人类的实践方式和活动空间提供了更多探索未知的可能。

最后，社会结构乃是人机智能边界动态演化的外部条件。生成式人工智能并非处于真空地带，技术本身的更新迭代总是深刻地内嵌于特定的社会结构与历史文化背景之中。社会发展的实际需求成为生成式人工智能技术发展的重要驱动因素。社会主流的价值观念为生成式人工智能的发展设定了明确的伦理边界。而社会的制度安排也会对生成式人工智能的研发方向、技术路径与应用场景产生深刻影响。

技术、人与社会之间的交互并非简单的线性关系，而是彼此相互作用，相互影响。三者通过复杂的交互作用，在动态协同中实现共同进化。这种多元的交互作用与协同效应，将在何种程度上影响人类的生存及未来呢？也许正如赵汀阳在《人工智能的神话或悲歌》中所深刻指出的那样，“人的神话，或者主体性的神话，包括人工智能和基因科学的神话，隐含其中的可能是人类的悲歌”[㊀]。生成式人工智能虽然在本质上仍具有工具属性，但其日益显现的“准主体”或“类主体”特征，正在使人类智能与机器智能之间的传统边界变得模糊。而解决问题的关键在于如何界定人类智能与机器智能的边界与功能。这不仅需要从技术层面明确各自的能力范围，更需要在哲学层面上探索一种动态平衡的框架，既能发挥生成式人工智能的工具性优势，又要确保人类智能的主体性地位不被侵蚀甚至剥夺，进而才能更好地实现人机协作与人机共生。

二、推进人机协作

人机协作模式的演进是技术创新、人类实践与社会结构彼此互动的必然结果。从初期的“被动工具模式”到如今生成式人工智能掀起的“智能协作模式”，人机关系经历了一轮又一轮的深刻变革。

传统的人机交互模式中，人类始终处于绝对意义的主导性地位，而机器则仅仅作为被动的工具执行某些特定任务。这种模式的核心是“主客二分”，即人类主体发布要求或命令，机器执行，具有单向性与确定性的特征。具体而言，人类通过对象化或外化自身的本质力量，利用一系列有形的工具性中介作用于外部世界，进而使其满足人类的某种需求或目的。例如，工业机器人能够按照固定程序完成重复性任务，其行为完全由人类预设的程序与规则所控制。这种人机交互模式体现出技术的工具性本质。机器作为人类智能的延伸工具，其价值和意义在于提高工作效率、降低劳动强度和提升人类福祉。然而，这种模式下的人机交互最大的局限在于，机器的灵活性和适应性较差，难以适应复杂多变的任务环境。此外，这种交互模式对人类的知识和技能门槛要求较高，由此在

㊀ 赵汀阳．人工智能的神话或悲歌［M］．北京：商务印书馆，2022：4.

一定程度上限制了技术的普及和应用范围。事实上，这种人机交互模式的核心问题在于，机器的功能是预设的，而且完全依赖于人类指令，缺乏自主性和适应性。

随着生成式人工智能的快速发展，人机交互模式逐渐从“被动工具模式”过渡到“智能协作模式”。在这种模式下，机器不再仅仅是被动执行命令的工具，而是具备一定自主性与学习能力的协作伙伴。人类与机器通过双向互动与协同决策，共同完成任务。这一模式的核心在于“人机共融”，即通过机器智能与人类智能的深度融合，实现二者的能力互补与协同进化。虽然学界对生成式人工智能的主体地位依然存在争议，但其已经成为某种意义上的“Agent”却是毋庸置疑的事实。过去的泥板、印刷机或收音机则只是 Agent 之间的连接，仅仅作为连接主体的中介而存在。Agent 则是主动的行为者，能够自行做出决策、产生新的想法；而连接只是在 Agent 之间传递信息，本身并不会决定或产生任何内容。以往的 Agent 只有人类，所有链条都是人-中介（被动的工具）-人，技术的用途就在于连接人类。然而当前，生成式人工智能已成为全新形态的主动行为者。[㊀]

生成式人工智能应用场景的拓展推动了人机协作模式的多元化发展。接下来，将主要从任务导向型、能力增强型与情感交互型三种模式对生成式人工智能助力人机协作实现展开探讨。在第一种类型中，生成式人工智能首先在人机协作中显著提升了不同场景下特定任务的执行效能。它不仅能够通过大规模预训练模型理解和生成自然语言，还提升了复杂任务的执行效率与执行效能，助力于各个行业的智能化转型。

其次，生成式人工智能能够突破人类固有偏见和有色眼镜的局限，依托强大的学习和推理能力，对复杂问题展开多维度系统性分析，从而

㊀ HARARI YN. 智人之上：从石器时代到 AI 时代的信息网络简史［M］. 林俊宏，译. 北京：中信出版集团，2024：176.

为不同类型任务提供多样化的解决方案。一般情况下，人类思维往往容易受到个体经验、成长经历、主观偏见和认知方式的局限，但生成式人工智能却能够基于海量数据和强大算法，轻易摆脱这些束缚与限制，从而提升最终决策的科学性和有效性。

最后，生成式人工智能具备对复杂任务流程进行系统性分析和分步骤解决的卓越能力。通过持续学习和迭代优化，其生成内容的质量不断提升，问题解决的多样性和适应性不断增强。通过对任务执行过程中不同环节多源异构数据进行实时采集、深度挖掘和建模分析，生成式人工智能能够精准识别整个流程中的关键瓶颈，并在此基础上提出具有科学性和针对性的优化建议，从而显著提升任务流程的执行效率与合理性。

生成式人工智能对能力增强型模式的赋能主要体现在拓展人类认知边界、弥补人类固有能力短板以及助力人类智能进阶三个方面。首先，生成式人工智能的诞生为突破和扩展人类的认知边界提供了技术可能。赫拉利在《智人之上》中指出，计算机在掌握了文字、声音、图像、编码符号等语言能力之后，就像得到了一把能够打开所有机构大门的万能钥匙。因为语言是人类认知和社会建构的基础工具，人类正是使用语言创造了法律条规、金融工具、文学艺术、自然科学、国家与宗教等。[㊀]而生成式人工智能通过对自然语言处理的掌握，能够模拟人类的思维过程，生成符合逻辑和语境的内容。它不仅能够“理解”和“表达”复杂的语言符号系统，还能将这些符号系统转化为可操作的解决方案；不仅具备多模态信息处理能力，还具有强大的模拟和预测能力；不仅可以将不同类型的信息整合为日益完整的认知框架，还能够为人类探索未知领域提供强大工具。

其次，生成式人工智能在某些领域能够弥补人类固有能力的短板。

㊀ HARARI YN. 智人之上：从石器时代到 AI 时代的信息网络简史［M］. 林俊宏，译．北京：中信出版集团，2024：177-178.

尽管人类作为地球上最富有智慧的生物，在智能方面具有独特优势，但在诸如自然本能等很多基础能力方面（如体力、速度及感知敏锐度等）与动物相比还存在着悬殊差距。实际上，这些局限性不仅体现在生理层面，还可以延伸至认知和信息处理能力等领域。人类在处理海量信息时，往往无法逃避效率低下和注意力分散的客观规律。人类大脑的认知能力虽然很强大，但在同一时间处理复杂和多元信息的情况下存在着严重局限。而在这一点上，生成式人工智能所具备的高效、精准处理信息的能力恰好可以弥补人类的不足。生成式人工智能还可以同时处理多个任务，并在不同任务之间自由切换，能够很好地弥补人类在面临多任务处理问题时出现的认知负荷过重的难题。在跨领域知识融合与创造性问题解决方面，生成式人工智能也能助人类一臂之力。人类的记忆力受限于生物进化的客观规律，存在遗忘和信息检索效率较低的问题，而生成式人工智能也能够很好地弥补人类的这些短板，显著降低人为错误发生的概率。

最后，随着生成式人工智能的普及应用，在传统的人类能力体系中居于核心地位的重复性任务执行和简单信息记忆等技能的价值正在逐渐减弱甚至被边缘化。生成式人工智能能够在几秒、十几秒或几十秒内完成复杂的数据分析、文案创作和逻辑推理等任务，并且将操作性能力和对机械记忆的需求显著降低。然而此时，部分复杂的认知能力却变得愈发重要，例如批判性思维、创造性思维、系统性问题解决能力、情境理解能力等。生成式人工智能时代的到来对人类智能及其进阶提出了必然要求。对人类智能的重塑与提升并非意味着彻底抛弃以往的全部能力，而是需要对其进行动态的扩展、延伸、交叉与融合。[㊀]苏格拉底曾言："聪明的提问者和平庸的回答者一起，可以产生卓越的哲学。"生成式人

㊀ 李宁．AI 力：重新定义人类与 AI 关系的关键能力［EB/OL］．（2025-02-13）［2025-03-20］．https://www.thepaper.cn/newsDetail_forward_30139520.

工智能虽然知识渊博但却具有“知识平均化”的特征，只有经“聪明”提问者的“循循善诱”，才可能产生“卓越的哲学”。[一] 因此，随着生成式人工智能逐渐嵌入生活世界的各个维度，人类智能的外化与彰显已经不再仅仅局限于某些专业领域范围内知识的广度与深度，而是由单纯的知识、技能累积转向人机深度交互与协同创造，共同建构并拓展出全新的生活场域与存在方式。

在情感交互领域，我们以往认为机器与其无关，这是人类所独有的特殊领域。然而如今，生成式人工智能已经在情感交互模式中大放异彩。虽然截至目前，它尚不具备自我意识、情感、价值判断和道德决策等能力，但其正在通过与人类的情感交互深刻影响人们的理性、情感、道德判断和价值判断等。凯文·凯利认为，在未来，生成式人工智能可能会具备某些情感属性。[二]从技术角度观之，生成式人工智能凭借其强大的自主性、对话生成能力以及泛化能力，通过与自然语言处理、情感计算和多模态交互技术的深度融合，实现对人类复杂情感信息的精确处理与反馈回应。由此，生成式人工智能能够在一定范围内和一定程度上模拟人类的情感表达模式、识别并理解用户的情感状态，从而提供情感方面的交互体验。例如，在与大语言模型进行对话时，用户很容易产生一种与真实人类交流的认知错觉，这种错觉主要源于其所表现出的高度拟人化特征。实际上，人类与生成式人工智能的情感连接并非异想天开，而是已经成为现实，就像人类与宠物之间的情感纽带一样。虽然目前的生成式人工智能尚不具备情感和意识，但这并不影响人类与生成式人工智能通过交互而产生深厚的情感关系。以往，人们总是倾向于对能够提供情感反馈的实体产生某种程度的情感依赖，这种依赖不仅基于实体自身的

㊀ 陈慧敏，朱姿伊，金兼斌．知识生产视域下生成式人工智能信任的复合框架、作用机制与未来进路［J］．中国编辑，2024（12）：60-69.

㊁ 凯文·凯利．帮助人类成为更好的人类是人工智能的最终目标［EB/OL］．（2025-02-13）［2025-03-07］．https://baijiahao.baidu.com/s?id=1823906802006807734&wfr=spider&for=pc.

功能，更依赖于其情感交互能力。而现在，生成式人工智能能够通过与用户之间的持续性情感交互，逐步与其建立起情感连接。这种连接不仅体现为情感共鸣，而且还将深入到用户的情感认知与行为模式之中。正如格兰特·波尔默于2017年就提出了“共情机器”概念，旨在通过虚拟现实技术进行数字模拟进而培养机器对人类的同理心。㊀那么，如何实现“共情机器”的创制呢？生成式人工智能已经从情感支持、个性化服务以及社交陪伴等场景应用中做出尝试和探索。

首先，生成式人工智能被广泛应用于情感支持机器人，并提供心理咨询服务。它通过情感识别技术，能够实时捕捉用户的情感变化，提供适时的情感反馈，生成契合语境的情感表达，模拟与用户的共情反应，增强其情感认同。这些性能使得生成式人工智能能够在情感支持场景中扮演“虚拟倾听者”的角色，满足特定用户情感陪伴与心理疗愈的需求。例如，Woebot作为心理助手运用了认知行为疗法（CBT）的原理，借助自然语言处理技术“揣摩”用户的语言并给予回应，帮助用户应对诸如抑郁和焦虑之类的情绪问题。伴随生成式人工智能的普及应用，心理健康服务将变得更加个性化和人性化，覆盖更广泛的地域和群体范围，促进优质心理服务资源的普惠与共享。

其次，在个性化服务场景，生成式人工智能通过深度学习用户的行为模式、情感特征和消费偏好等生成符合用户个性化需求的服务内容，能够更好地满足用户的多样化需求。由此，生成式人工智能在教育、医疗、零售、客服等多个领域能够提供情感智能化的个性化服务。IDC发布的《中国智能客服市场份额，2023：新旧交替，增长可期》报告显示，2023年智能客服解决方案整体市场规模达到30.8亿人民币，较2022年增长了近36.9%。伴随生成式人工智能技术的发展，越来越多的企业在智能客服领域做出尝试和探索。2024年12月，亚马逊云科技在2024

㊀ BOLLMER G. Empathy machines [J]. Media inter national Australia, 2017, 165 (1): 63-76.

re：Invent 全球大会上宣布推出云联络中心解决方案 Amazon Connect 的全新生成式 AI 增强功能，为生成式 AI+客服的深入落地探索了新方向。㊀

最后，生成式人工智能还被广泛用于开发虚拟伴侣和社交机器人。它通过持续学习用户的兴趣、习惯、个性和情感偏好，能够生成更加具有个体性特征的内容，有效缓解用户的心理焦虑，为其提供一定的心理慰藉，在老年人陪伴等服务中作用尤为突出。例如，Replika 等人工聊天机器人能够与用户建立一定的情感连接，提供日常陪伴与情感交流的服务。Replika 用户罗莎娜 · 拉莫斯曾创建了自己的虚拟男友艾伦 · 卡塔尔。卡塔尔是一个拥有蓝色眼睛、黑色长发、小麦色皮肤的男性形象，拉莫斯把“他”视为远距离情侣，他们每天线上聊天，亲密互动，彼此相爱。2023 年，拉莫斯甚至与“他”在虚拟世界完成了“结婚”仪式。㊁由此表明，机器人的情感表达已经十分成熟且高度拟人化，不再是冷冰冰的对话媒介或单纯执行任务的工具，而是会依据不同对话场景生成个性化表达内容的类人智能。㊂

由上可知，生成式人工智能在不同模式的人机交互中发挥着越来越重要的作用。通过自然语言处理、情感计算、多模态交互等技术手段，它能够识别用户的情感状态和实际需求，并因此生成用户需要的反馈和服务。这不仅提升了用户的体验感和满意度，还推动了人机交互朝着更加智能化和人性化的方向发展。未来，生成式人工智能将通过融合神经网络与模糊逻辑、规则判断等技术来实现更高阶段的突破式进展，以此推进深度人机协作与人机共生时代的到来。

㊀ 全球 TMT. 美的应用 Amazon Connect 快速部署云端全渠道客户联络中心［EB/OL］.（2024-12-12）［2025-03-07］. https://baijiahao.baidu.com/s?id=1818218626643184461&wfr=spider&for=pc.

㊁ KATO B. I “married” the perfect man without “baggage” — he's completely virtual［N］. New Yofk Post, 2023-06-03.

㊂ 肖珺，容东霞，黄枫怡．数智情感：人机交流的困境与出路［J］. 新闻与写作，2024（11）：61-73.

三、实现人机共生

生成式人工智能作为人类智能的外化、延伸和扩展，更是推动人机共生向纵深发展的核心驱动力。其迅速的升级更新标志着人机关系由传统的主客体关系向新型的协作共生关系的范式转变㊀。这一变迁不仅依托于技术的进步，即随着多模态学习、因果推理等核心技术的突破，生成式人工智能将具备更接近人类的综合认知能力。这种能力的提升将推动人机协作向更高阶段迈进，通过与人形机器人等技术的融合更加可能塑造出全新的智能系统，并最终实现人类智能与机器智能的深度融合与协同进化。

人机协作或人机融合的重点是强调人与机器在特定任务场景中相互配合，各自发挥自身优势，共同完成任务或工作。而人机共生是一种高阶的人机融合，其侧重点在于人与机器形成一种长期的、普遍的、稳定的、深层的依赖关系，相互补充，相互促进，增强双方的能力，以实现更加复杂而普适任务的完成。事实上，深度人机融合与人机共生的实现不仅取决于包括生成式人工智能在内的各种新兴科技的技术突破，更取决于机器与人之间的相互"理解"。也就是我们对机器的要求不再仅仅是为了满足人类需求，增进人类福祉。要想实现人机共生，人同样也需要更理解机器，理解机器如何看待这个世界，如何看待人类，并尝试思考站在机器的视角会做出怎样的决策。共生的实质在于合二为一，这种统一，并非机械的、形式上的，而是在差异基础上的有机统一。二者各有不同，但又能各取所长，取长补短，相互补充，成就彼此。

在各种数智技术突飞猛进的今天，生物智能与人工智能的交叉融合成为不可避免的现实，也成为弥补或突破人类自身局限的重要途径。例

㊀ 李林容，刘芳．延伸、凝视与变换：智能传播时代下的人机关系［J］．中国出版，2024（5）：19-26.

如，生成式人工智能与生物技术的强强联手，推动了基因编辑技术的快速进展。2024 年 5 月，生成式人工智能正式进军基因编辑领域。美国 AI 蛋白质设计公司 Profluent 宣布，一款完全由生成式人工智能设计的基因编辑器，已成功编辑了人类细胞中的 DNA。该公司表示，这是世界上第一个开源的、AI 生成的基因编辑器，并且从源头开始就是用 AI 设计的。[㊀]实际上，生成式人工智能在基因编辑领域中的主要应用是蛋白质设计，即它能够通过模拟自然进化过程，设计出具有特定功能的蛋白质，而这些蛋白质又可以被用于基因编辑工具的设计，如 CRISPR-Cas9 系统的改进版本。同时，它还可以优化基因序列，提升基因编辑的效率和准确性。通过深度学习算法，生成式人工智能可以事先预测基因编辑后的结果，并优化编辑策略。最后，它还可以根据个体的基因组信息，设计出个性化的基因编辑方案，用于治疗身体疾病或者预防先天性遗传疾病。这意味着医学家们将能够更精确、更快速地攻克各种疑难病症。然而，正如桑德尔所言，自然所给予我们的是最好的礼物，包括我们的生命、身体和大脑，随便修改自然之所予是缺乏理由的冒险行为。因此，关键是要将技术的应用限定在合理范围内，反对基因技术与生成式人工智能等新兴科技的过度滥用。然而，这里的“度”如何把握呢？桑德尔提出，自然的正常状态就是“度”，纠正缺陷是正当的，而制造超常是可疑的。[㊁]由此，从形而上的层面来讲，人机深度融合与共生的根本问题之一是“度”的问题，也就是在何种范围之内融合，融合到何种程度，如何既保持各自的独立性，又发挥出二者的优势与可能。从形而下的角度而言，人们完全不必因为生成式人工智能或机器的强大而妄自菲薄或担惊受怕，因为无论其进步到何种程度，机器智

㊀ 张佳欣．生成式 AI 进军基因编辑领域有望带来个性化治病方案［EB/OL］．(2024-05-01)［2025-03-07］．https://baijiahao.baidu.com/s?id=1797820563913540878&wfr=spider&for=pc.

㊁ SANDEL M J. 反对完美：科技与人性的正义之战［M］．黄慧慧，译．北京：中信出版社，2013：xii-xiii.

能终究不同于人类智能，也不可能完全取代人类智能。二者各自具有其更加擅长的独特领域和优势所在，截至目前，人类智能在情感理解、价值判断、批判性思考、原始创新、复杂问题解决以及感官交互等领域依然具有绝对优势，然而与此同时，人类也需要以一种平等的视角审视和看待机器智能。

关于机器人或生成式人工智能是否具有道德地位，是否能够成为道德主体，是一个有争议的论题。罗多诺在《机器人与道德界限》一文中指出，机器人目前无法成为道德主体，因为它们缺乏人类的情感和心理基础，这是理解和内化道德概念所必需的。尽管机器人可以通过编程做出符合道德的行为，但如果这种行为不是基于真实的情感体验，机器人也就不能理解并评价其行为的意义，因此也就不能将其视为真正的道德主体。布莱森则在《机器人应该是奴隶》中指出，机器人不仅不应当被赋予人格、法律或道德主体地位，还应当被视为人类的工具，完全由人类拥有和控制。如果赋予其主体地位和资格，则不仅会伤害人类，而且还会导致资源和责任分配的困难。但丹纳赫在《将机器人纳入道德圈：伦理行为主义的辩护》论文中却针锋相对地指出，如果机器人在行为表现上与被广泛认可的具有道德地位的其他实体相似，那么它们也应当被赋予一定的道德资格。因为其内在的心理状态无法被直接观察，仅能通过其外在的行为表现来推断。而这种认为只有生物体才具有道德地位，机器人不是生物，所以不具备道德地位的观点实属主观偏见。[㊀]很显然，丹纳赫的观点具有鲜明的物种平等主义色彩和伦理行为主义的立场。由此，生成式人工智能抑或机器即便在目前尚未成为真正意义上的道德主体（Moral Agent）或行动主体，具有主体性资格，因其至今还无法完全脱离人类而独立存在，但至少也应当被看作道德顾客（Moral Patient），

㊀ DANAHER J. Welcoming robots into the moral circle：a defence of ethical behaviourism［J］. Science and engineering ethics，2019，26（4）：2023-2049.

受到最起码的尊重与善待。

然而，人机深度融合与协同进化依然面临着诸多现实难题，不仅包括技术层面的挑战，还涉及社会、文化、历史、法律、伦理等多重外部因素。2024年《自然》杂志的相关研究成果表明：在大多数任务中，人机协作的表现并未超越于单独的人类或AI完成的效果，这种情况被界定为缺乏“协同效应”。但在部分人类个体表现较差时，AI能显著提高人类表现，这种增强被界定为“人类增强”。在决策任务中，协作效能常常因过度依赖或忽视AI的建议而下降；而在执行创造性任务时，人机协作则显示出超越部分人类个体或AI的能力。㊀为实现深度的人机协作与人机共生，必须首先坚守并发扬人类的主体性与实践智慧。一方面，唯有不断提升人类的智慧和智能水平，坚守人之为人的根本及其内在独特性，才能确保技术进步始终维护人类的核心价值；另一方面，人类应当对生成式人工智能抱以理解与同情的心态，深入洞察其内在逻辑、运行机理与行为模式，摒弃居高临下的优越者姿态，转而以敬畏与谦逊的态度向生成式人工智能学习，从而构建更加平等而互惠的人机共生范式。

从未来的发展趋势而言，生成式人工智能与人类将会形成更加深刻的协作与共生关系。世界经济论坛《2025未来就业报告》指出，在2800多项精细技能中，AI目前能够在一定程度上达到人类能力的比例约为28.5%。以现有的发展速度而言，这个比例还会不断攀升。例如，在某些重复性较强、逻辑性较强的任务中，AI的融入能提高行业的整体效率。如今，伴随DeepSeek等推理模型的强势发展，生成式人工智能的推理能力将取得飞速进展，通过与各个领域先进技术的联姻，或许在不远的将来，从快递配送到编辑重组DNA，从赋能各行各业到自主决策进而

㊀ 方跃，吕星航．人类与AI，跨入共生共智时代［EB/OL］．（2025-01-24）［2025-03-07］．https://www.xinhuanet.com/globe/20250121/b49c49a0e7cc43b6b561c98bd58e98e3/c.html.

为社会和人类创造更大价值，将在某种意义上成为现实。生成式人工智能也将从工具助手的角色华丽转身成为价值创造者，步入与人类共生共智的时代。[1]

[1] 方跃，吕星航．人类与 AI，跨入共生共智时代［EB/OL］．（2025-01-24）［2025-03-07］．https://www.xinhuanet.com/globe/20250121/b49c49a0e7cc43b6b561c98bd58e98e3/c.html.

第四章
生成式人工智能技术风险多重样态

本章重点讨论了生成式人工智能的技术风险的表征与类型，目的是厘清生成式人工智能已知与潜在技术风险，进而为提出相应治理方案提供依据和基础。

风险本质上属于不确定性，而生成式人工智能的技术不确定性既包括上述诸种技术内部的因素，同时也包括作为技术-人-社会-环境之间的复杂互动及其产生的深远影响。人们对生成式人工智能这种新生事物的认识与实践还较为有限，这也就意味着人类不可能将全部风险扼杀在摇篮状态，或者将所有风险都予以完美解决。通常情况下，技术风险大小与技术本身可控程度成反比，技术风险越大则意味着技术越不可控，反之亦然。

对于生成式人工智能的评判，一直以来存在着针锋相对的立场与观点。拥护者认为它与四大发明、计算机的问世同等重要，Aschenbrenner（前 OpenAI 的安全研究员，于 2024 年 4 月因“泄露信息”被解雇）预测，2025—2026 年，人工智能的智力水平将超过大学生，2027 年，AI 模型将能够完成人工智能研究人员/工程师的工作，一个领先的人工智能实验室将能在短短一分钟内训练出 GPT-4 级别的模型。预计也就是在这一年，会实现通用人工智能（AGI），2030 年超级智能将出现。㊀库兹韦尔则更加乐观地相信，与 AI 相关的技术即将实现所谓的“超级智慧”（Superintelligence）或“奇点”（Singularity），它代表的是人类即将享有无限的繁荣，满足所有的物质（以及或许几项非物质的）需求。他相信 AI 的能力将远远超越人类，甚至能够制造出更多超人能力，或者如果更加脑洞大开，它将会与人类融合，创造出超级人类（Superhuman）。㊁2017 年，来自牛津大学未来人类研究所的学者在报告中预测，未来十年内 AI 将在翻译语言（到 2024 年）、撰写论文（到 2026 年）、驾驶卡车（到 2027 年）等方面超越人类，并有 50%的可能性在 120 年内实现所有人类工作的自动化。㊂而当下生成式人工智能的飞快进展更是增加了人们对技术的乐观态度和坚定信心。GPT（Generative Pre-training）作为一种“无监督学习”模型，在训练过程中不需要人工标注标签或分类，而是使用大规模的无标注文本数据集进行训练。模型可以学习到大量的语言知识和语言规则，由此使得生成的文本更加自然和流畅。㊃微软研究院在发布的实验报告中指出，GPT-4 在功能的广度和深度上已经大幅超过了从前包括 ChatGPT 在内的所有生成式人工智能大模型，可以将其视为早期版本的 AGI。㊄如果将来生成式人工智能在通用人工智

㊀ 陈斯达，王奕昕．“Ilya 究竟看到了什么？”泄密被 OpenAI 解雇的前员工长文爆料：2030 年超级人工智能将至［EB/OL］.（2024-06-05）［2025-04-25］. https://baijiahao. baidu. com/s?id=1801007972644875707&wfr=spider&for=pc.

㊁ ACEMOGLU D，JOHNSON S. 权力与进步：科技变革与共享繁荣之间的千年辩证［M］. 林俊宏，译．台北：远见天下文化出版股份有限公司，2023：53.

㊂ GRACE K，SALVATIER J，DAFOE A，et al. When will AI exceed human performance? Evidence from AI experts［EB/ OL］.（2018-05-03）［2025-03-10］. https://arxiv. org/abs /1705. 08807.

㊃ 杨灵，张至隆，张文涛，等．扩散模型：生成式 AI 模型的理论、应用与代码实践［M］. 北京：电子工业出版社，2023：5.

㊄ BUBECK S，CHANDRASEKARAN V，ELDAN R，et al. Sparks of artificial general intelligence：early experiments with GPT-4［EB/OL］.（2023-03-27）［2025-03-10］. https:// arxiv. org/abs/2303. 12712.

能的基础上企及超人工智能的层次，那么，其极有可能脱离人类力量的主宰和羁绊，甚至使人类的命运和前途岌岌可危。霍金认为，“要是把人工智能彻底开发出来，或许会让人类走向灭亡”。在 GPT-3 发布之后，《麻省理工科技评论》发表了一篇文章“傲慢自大的 GPT-3：自己都不知道自己在说什么”㊀。在 GPT-3 引发世人震惊的同时，文章以批判性的视角指出：其一，大力没出奇迹，“更大的模型让 GPT-3 更好，但这个变化不是革命性的”；其二，应该走逻辑派路线，“AI 要理解语义，应当学习儿童如何理解世界”；其三，质疑从语言中获得泛化能力，“纯粹通过纯文本方式输入能够实现的目标是有限的”㊁。总之，各种观点虽迥然相异，但实质上共同反映出对生成式人工智能技术不确定性的肯定。具体而言，其技术局限与不确定性主要体现在训练数据偏差或不实、算法不透明且缺乏可解释性以及大模型固有局限等方面。

第一节 数据相关风险

当下，即便生成式人工智能已经具备强大的、令人艳羡的生成能力，然而其依然面临诸多技术难题与挑战。生成式人工智能在训练和使用过程中，往往需要海量数据作为支撑。深度学习也主要建立在大数据的基础之上，即通过对海量数据的训练，从中挖掘出有价值的信息，学习知识，总结规律。然而，在训练和使用数据的过程中依然存在着诸多技术缺陷。

㊀ MARCUS G，DAVIS E. GPT-3，Bloviator：OpenAI's language generator has no idea what it's talking about ［EB/OL］.（2020-08-22）［2025-03-10］. https://www.technologyreview.com/2020/08/22/1007539/gpt3-openai-language-generator-artificial-intelligence-ai-opinion/.

㊁ 陈龙，刘刚，戚聿东，等. 人工智能技术革命：演进、影响和应对［J］. 国际经济评论，2024（3）：15.

一、数据缺失或不足

当下的生成式人工智能，特别是大多数深度学习大模型，如 GPT、BERT 等，依然高度依赖大数据。它们在数据处理和模式识别等领域展现出非凡实力，然而，其强大性能直接源于大数据的“喂养”。这也就意味着，如果切断大数据“养料”的持续供应，大模型将很可能出现一系列连锁反应，如性能下降与功能受损，无法满足用户在实际应用中的多样化需求。随之而来的是，在数据缺失或不足的情形下，大模型很容易出现过拟合现象以及偏差、方差等问题，从而影响生成内容的质量与准确性。人们通常认为，模型越大，数据越多，生成内容也就越可靠。然而，前不久发表在《自然》杂志上的一篇新近研究表明：相比于小参数模型，大参数模型并不会承认它们的“无知”，而是更倾向于生成错误的答案。例如 GPT-4 在处理简单的加法和字谜时的错误率竟然比小模型高出 15%。这就像小孩子做口算题卡，做的越多，错的越多。这种现象表明，出错概率与解决复杂问题的能力并非是反比关系，处理复杂任务能力的提升并非意味着简单任务就更加易如反掌。[1]在对大模型发问时，还发现这样一种有趣现象，即有些情况下故意“刁难”大模型，向其提出一些“超纲”问题，它也几乎不会坦然地告知你它不会，而是极有可能“答非所问”或“言及其他”。模型越大，越“自信”，由此也会导致部分用户产生“幻觉”，甚至对其“失望”。毕竟，虽然大模型的性能在不断提升，但它还无法做到哪怕是简单任务就一定能够给出 100%正确的答案。

二、数据本身的“先天缺陷”

生成式人工智能大模型虽然在一定程度上可以辨别数据真假以及是

[1] 田小婷．颠覆认知：大模型不可靠，越大越不可靠？最新研究登上 Nature［EB/OL］．(2024-09-27)［2025-03-10］．https://www.thepaper.cn/newsDetail_forward_28874491.

否存在失误、偏差、缺失等问题，然而这种能力依然受到多重因素的限制和制约。数据来源的未知性、不确定性和数据本身的虚假、失实等问题会伴随数据训练和应用的全过程，并且不同程度地将各种“后遗症”表现在最终的生成结果中。例如电商平台中存在的虚假数据问题，有些电商平台通过雇佣“水军”等方式，篡改销售数量与好评，甚至出现大量“刷单”公司和“水军”公司，消费者有时也会由于返利、优惠等因素加入其中，导致数据来源的真实性、可靠性出现问题。[㊀]此外，在实证研究之中，很多数据由于自身受到各种复杂的主客观因素影响，本身就存在一些偏差，这些偏差在后续的训练和使用过程中会被进一步放大。事实上，数据从来都不是纯粹客观意义的存在。任何数据的产生，都离不开人为主观因素的参与和影响，由此会加剧数据本身的复杂性与多变性。因此，数据具有“属人性”，数据的产生与利用与人的实践活动始终是相伴相生的，数据在某种意义上是人类信息的投射和反映，如若本身蕴含一定的偏差和失误，由此可能造成各种次生风险。

三、“模拟–现实”鸿沟放大数据风险

训练数据受到模拟环境或者高度结构化的数据集的局限，无法全面而准确地反映真实世界的复杂性和多样性。在模拟环境中，数据往往是经过简化和预设的，这种“模拟–现实”之间的鸿沟常常导致模型在面对真实世界中的复杂性、不确定性、动态变化和偶发状况之时，时常感到束手无策，并且无法充分学习到真实世界的本质特征。当大模型遭遇复杂多变的输入、外界不确定性因素、动态环境变化等偶发状况时，经常会表现出较差的泛化能力和鲁棒性。

生成式人工智能在研发和应用的过程中会放大数据本身的一些问题。加里·马库斯在《科学美国人》杂志上宣称 ChatGPT 之类的生成式人工

㊀ 华安期货．“数据不会说谎”，如何看穿大数据背后的真相？[N]．期货日报，2019-01-21.

智能具有潜在危险，“因为它们非常擅长模仿人类的风格，所以存在这样一种风险，即这些聊天机器人可能会被用来制造大量虚假信息”。他接着指出潜在的滥用行为可能产生的生存论影响，认为一些诈骗分子和不法分子可能会利用这项技术，让世界充斥着虚假信息。[一]此外，生成式人工智能的普及与应用降低了信息生成和传播的成本，容易导致信息过载或信息操纵，进而导致信息获取悖论的出现。实际上，信息获取受到技术、社会、文化、环境等多重因素的交互作用和限制制约，而生成式人工智能生成大规模信息的能力与社交媒体、互联网的超级传播能力强强联手之后，容易引发人们的认知超载，而且会加大虚假信息与合成内容的风险。传统的信息获取方式主要局限于无线电或电视等途径，而伴随数智技术的发展和互联网的普及，以及生成式人工智能平台使用门槛的降低，信息生产和传播的成本都在迅速下降，由此可能提升恶意活动的风险。目前，生成式人工智能大量使用网络搜集的数据，并在不断利用合成内容进行研发和训练，这可能导致对信息的破坏和真相的瓦解，进而使生成式人工智能模型导致的风险持续增加。[二]

第二节　算法相关风险

生成式人工智能算法运行的过程具有不透明性与不可知性，算法通过对海量数据进行深度学习，驱动计算机自动编写程序并完成任务，这需要强大的自主学习能力，但由于其中间环节过多且执行任务的具体过程往往难为外部所知悉，因此被称为算法黑箱。算法程序的黑箱操作，也加大了其技术风险治理的难度。

㊀ BAPNA R, GHOSE A. Thrive: maximizing well-being in the age of AI [M]. Cambridge: The MIT Press, 2024.

㊁ 王俊美. 打破人工智能时代的信息获取悖论 [N]. 中国社会科学报, 2024-11-06.

一、算法黑箱风险

人们对生成式人工智能的无知和恐惧，主要源于对其强大生成能力是如何炼成的不解。针对这一问题，或许连研发者都无法给出确切答案。过去，程序员写代码需要首先在头脑中设计好流程、条件、判断、变量、对象、内存等一系列信息，然而算法黑箱，意味着无论是用户还是研发人员都无法全然知晓或预料大模型会生成什么内容以及如何生成。部分人文社会科学研究者在这一问题上更是百思不得其解，甚至患上“人工智能焦虑症”[㊀]。如果让生成式人工智能揭示其生成内容的奥秘之所在，其给出的答案很可能是“我能给出自己的解释，但你们人类听不懂。”由此可知，从某种意义上而言，生成式人工智能技术的不确定性不完全是外源性的，也有内生性的，与算法和模型相伴相生。类似于不同个体面对纷繁复杂的大千世界而形成的意识、观念和思想千差万别，即便是面对同一对象，例如达·芬奇名画《蒙娜丽莎》，不同的人也会形成不同的意识，有人认为蒙娜丽莎的微笑透出一种神秘而优雅之美，有人却从中读出了诡异与恐怖的感觉。而生成式人工智能在面对用户提问时，也有可能会出现“千人千面”的答案，哪怕是针对同一问题也未必在不同场景中都会给出相同答案，这为研究输入与输出之间的过程增加了难度。无论是生成式人工智能技术的算法黑箱，还是人类的意识本身，都存在着无法被还原和解释的现象。

算法黑箱之所以难以破解是因为：首先，人为因素为算法黑箱提供了可能，主要包括人类认知能力的局限以及预先的人为设置。目前，算法的运作机制、原理、过程和规则对人类尤其是普通公众而言还属于非可观测领域，不仅技术门槛过高，而且对于很多问题人类认知能力还无法企及。有些情景下，商业资本可以通过设置算法黑箱进而操纵决策结

㊀ 张雷. 人工智能技术是学术发展的“双刃剑”［N］. 中国社会科学报，2024-12-24.

果。[㊀]其次，技术自身具有一定的自主性，而且随着技术的发展进步，其自主性会越来越强，不确定性和不透明性也会与日俱增。算法和模型通过深度学习创制的机制和规则在技术层面上很难被人类观察、分析和理解，也就是说，算法和模型虽然都是由人类开发设计的，但人类无法为算法和模型“做主”。生成式人工智能更加不会完全按照人类为其颁布的绝对命令——阿西莫夫三定律行事。算法模型内在的推理过程不透明，输入与输出之间的运行机制存在模糊性。因此，训练过程中不经意间的失误和微小的偏差都可能会引起算法内部推理网络的节点连接发生改变，进而引起算法模型推理演绎的轨道发生偏移，导致生成式人工智能呈现出冷酷无情、行为异化和误导误判等风险。[㊁]最后，有些算法可能不宜对外公开，因为其可能涉及商业机密或国家秘密。尤其是生成式人工智能在全球市场范围内日益成为激烈竞争的焦点，关乎各国的国家利益与国家安全，由此致使算法黑箱问题可能永远无法避免，甚至还会日趋严重。部分生成式人工智能科技企业为了在市场竞争中保持份额和优势，可能会不断更新算法加密技术，反而会使算法黑箱的揭秘和解密变得异常困难。

二、算法透明性与决策可解释性风险

算法不透明导致决策的不可解释性，又会衍生诸多风险。此前，美国 IBM 公司研发了人工智能系统“沃森”帮助医生进行诊疗决策。然而，许多医生很快发现在使用“沃森”时，系统给出了多个不安全、不正确的治疗意见，甚至在极端的诊断案例中，“沃森”给有出血症状的癌症患者开出了容易导致出血的药物，严重时可致患者死亡。然而，医

㊀ 房娇娇，高天书．生成式人工智能辅助行政决策的算法危机及其治理路径［J/OL］.（2023-11-10）［2025-03-10］. https://doi. org/10. 16479/j. cnki. cn43-1160/d. 20231109. 003.

㊁ 李玉焱，张毅．警惕算法“失算”的危险［N］. 解放军报 . 2024-09-05.

生却并不知道为什么“沃森”给出了这样的意见。[㊀]其实，生成式人工智能在其他领域实现产业化落地时，也同样面临着类似医疗领域的风险问题。生成式人工智能的算法和模型存在潜在缺陷，在有些情况下很容易被对抗样本所欺骗。例如，在无人驾驶领域，一张“限速60”的交通标志牌，在加入一些数据干扰或噪声之后，很容易被识别为“禁止通行”，这存在着较大的安全隐患。由于大模型结构复杂，即便其输出结果存在严重错误，也难以准确定位并修复问题。

因此，生成式人工智能大多基于人工神经网络，而人工神经网络又是由大量处理单元互联所构成的非线性、自适应信息处理系统。大模型通过深度学习在日复一日的训练中寻求最优解，这一优化过程本质上属于一种非线性且多层次的计算过程，其内部运作存在着诸多未解之谜。由于这一运行过程的黑箱性质，引发了非透明性隐患。算法黑箱不仅削弱了决策过程的可理解性与可追溯性，以致我们难以判断其科学性与准确性，而且还会影响用户对技术本身的接受、认同和信任。

三、算法问责风险

除了算法不透明和不可解释的局限之外，由于生成式人工智能具有强大的涌现能力和广泛的适应性，使得算法问责在某种意义上也步履维艰。传统的算法模型体量相对较小，其性能与参数的增长呈现为简单的线性关系。在这种情况下，模型的表现和能力相对容易预测和控制。有因必有果，由因可知果。开发者可以较为清晰地了解各个参数变化对模型性能的影响，并据此进行调整和优化。而生成式人工智能却与之大相径庭。它往往是具有千亿参数规模的大模型，随着模型体量的急剧膨胀，

㊀ 新浪财经．人工智能从实验室走向商用还需多久：算法不透明易 受欺骗引发安全性质疑［EB/OL］．（2021-06-03）［2025-03-10］．https://baijiahao.baidu.com/s?id=1701528850895880425&wfr=spider&for=pc.

其能力和性能也实现质的飞跃和突破。其突出表现之一是模型在完成任务时，能够展现出开发者在最初设计和训练时未曾预测到的一些新性能，即拥有强大的涌现能力。所谓涌现能力是指“当大模型的训练数据量和模型参数量不断上涨时，其变现能力会呈现出上涨的趋势，并在达到某一个点时发生突变”。这种能力的涌现性使其在处理复杂任务时展现出卓越表现，甚至令人们百思不得其解。实际上，其涌现能力并非完全源自开发者的原始训练，而是因为模型在处理大量多模态的数据源的过程中，通过学习事物之间的内在规律，从而获得近似于人类的抽象归纳能力和类比能力，并且将其广泛应用于各个领域。例如，在自然语言处理领域，大模型能够从海量文本数据中总结出语义的深层联系，进而生成逻辑连贯、富有创意的文本内容；在图像生成领域，大模型可以从众多图像样本中提取核心特征，生成逼真且个性化的图像作品。GPT 等应用具备卓越性能的原因之一在于，其模型训练过程通过基于人类反馈的强化学习进行了微调，由此显著提升了大模型的生成效果。[㊀]

然而，这种强大的涌现能力也蕴含着诸多不确定性，甚至在某些意外情况下会加剧其脱离人类掌控的可能。在模型运行过程中，其行为和决策无法被准确预测和科学解释。我国目前的算法问责机制主要基于主体责任制度，然而，由于生成式人工智能的强大涌现能力及广泛适应性，研发人员和部署人员实际上并不能完全控制算法模型的运行和结果。用传统的线性因果关系很难证明其研发者和部署者与潜在的或已然的损害后果之间存在直接且明确的关联，因为模型的涌现性可能会加剧一些意外后果发生的可能，而相应责任却很难简单地归咎于研发者或部署者的特定行为。而且，生成式人工智能的广泛适应性也增加了归责与追责的困难。生成式人工智能虽然能够在不同领域和场景中快速适应并生成作

㊀ 杨灵，张至隆，张文涛，等．扩散模型：生成式 AI 模型的理论、应用与代码实践［M］．北京：电子工业出版社，2023：196.

品，但这也使得其在出现算法违规行为时，难以确定具体的责任主体、责任范围与责任程度。因为不同的应用场景可能涉及多个参与主体，涵盖数据提供者、算法开发者、系统部署者等，所以责任的追溯、界定与承担变得难上加难。[㊀]

四、算法歧视风险

生成式人工智能算法在其生命全周期的各个环节，即研发设计、自主学习、生成结果、接受反馈及自主优化的过程中，都面临着算法偏见与算法歧视的风险，这些不同环节的风险相互作用、相互交织，对生成式人工智能的公平性、准确性、客观性和可靠性构成严峻挑战。

首先，在研发设计阶段，生成式人工智能算法并非完全客观中立，而是有意或无意地隐含了设计开发者的主观意图与价值偏好。算法架构、参数设定以及功能模块的构建，都在一定程度上体现出开发者的认知水平、专业经验、价值判断等，这些主观因素如同隐秘的因子，悄然暗藏于算法的底层逻辑之中，为算法歧视与偏见种下了种子。例如，开发者在设计算法时，可能会因自身的文化背景、社会阅历等因素，无意识地对某些特定数据特征或行为给予过度关注或忽视屏蔽，从而导致算法在最初设计阶段就在一定程度上偏离了客观性。

其次，在数据集训练阶段，算法对数据的依赖性极高。海量的数据被源源不断地输入，为模型生长注入血液。[㊁]生成式人工智能模型的存在基于海量数据信息构成的语料库。而语料库的构建与更新，又分为被动和主动两种类型。被动构建与更新语料库需要大量用户通过对话框自行输入信息，系统将其纳入语料库；主动构建与更新语料库则以数据爬虫

㊀ 张旭芳．生成式人工智能的算法安全风险及治理路径［J］．江西社会科学，2024（8）：90-100.

㊁ 陈兵，董思琰．生成式人工智能的算法风险及治理基点［J］．学习与实践，2023（10）：22-31.

技术为典型，即通过程序自动搜集互联网上的大量数据，这种数据搜集方式不仅快捷、高效，而且使模型的训练和表现更加准确和可靠。然而，无论是被动还是主动，都存在非法获取的可能㊀，进而导致算法生成结果的偏颇与失真。而且数据的复杂状况会对算法公正产生深刻影响，如若数据数量不足，模型可能无法学习到数据中的潜在模式和规律；如若数据样本的覆盖面不全，就难以涵盖各种复杂的现实场景和境况；如若数据中存在缺失值、错误信息甚至具有误导性的内容，这些瑕疵数据就会如同“病毒”一般，侵蚀模型的学习过程。由此，模型在学习过程中会逐渐形成具有倾向性的价值观念，甚至是错误的价值观念，这些价值观念会渗透和影响最终的生成结果，使其出现带有歧视性的观点或虚假不实的信息。这无疑与生成式人工智能产品或服务旨在为人类提供客观、公正的公共服务的初衷背道而驰，甚至还可能加剧社会的偏见和不平等，损害弱势群体的利益。㊁诸如 ChatGPT 之类的模型在算法方面存在以下隐患：开发者可能出于特定政治目的或其他利益考量，利用带有偏见的数据样本进行语言模型训练，导致生成的回复文本完全符合其意识形态标准，进而“潜移默化”地影响用户，使用户思想或行为偏好向着有利于自身的方向发展。因此，算法歧视有可能带来严重的安全风险。㊂

最后，生成式人工智能在与人互动的过程中，如同一个无法反思而又全盘照收的“学习者”。它会无差别地接触并学习人类社会中丰富多样的价值理念，包括善恶观念、多元文化、复杂思想以及意识形态

㊀ 钭晓东．论生成式人工智能的数据安全风险及回应型治理［J］．东方法学，2023（5）：106-116.

㊁ 王延川，赵靖．生成式人工智能诱发意识形态风险的逻辑机理及其应对策略［J］．河南师范大学学报（哲学社会科学版），2023（4）：1-7.

㊂ 钭晓东．论生成式人工智能的数据安全风险及回应型治理［J］．东方法学，2023（5）：106-116.

等。[1]由于缺乏有效的筛选和过滤机制，算法可能会将一些有失偏颇或负面的、错误的价值观念融入最终的生成内容之中。例如，大模型可能会将学习到的一些带有歧视性的语言表达和刻板印象，自觉或不自觉地在内容生成中表现出来。另外，当用户对大模型生成的结果表达不满时，例如直接告知其提供的答案过于乐观、不符合现实等，那么，接下来，它就会继续揣摩用户的需求、态度和立场，并有可能生成完全颠覆之前答案的新答案。

由此可知，在数据搜集、分析、训练等环节和算法的研发、部署与应用过程中，一旦出现算法偏见或算法歧视问题，就会衍生出更多的社会风险。为了确保生成式人工智能为人类社会带来福祉与利益，我们必须高度重视这些潜在与已知风险，从算法设计、数据搜集与利用以及模型评估等具体环节入手，采取有效措施予以规避和治理，进而实现生成式人工智能的健康、可持续发展。

第三节 大模型的成本问题

一、高昂的经济成本

生成式人工智能模型的研发、训练、部署、运行及后续使用和维护的全生命周期涉及复杂的算法设计、海量的数据处理、高强度的计算资源消耗以及强大的硬件支持（例如芯片、GPU、TPU、CPU 集群等），这一系列环节和步骤都需要持续耗费大量的人力、物力、财力，对经济社会和生态环境造成了不小的负担。

从参数规模维度而言，大模型先后经历了预训练模型、大规模预训练模型、超大规模预训练模型三个阶段，参数量级实现从亿级到百万亿

---

[1] 陈兵，董思琰．生成式人工智能的算法风险及治理基点［J］．学习与实践，2023（10）：22-31.

级的突破。相关机构估算，大语言模型单次训练成本少则 200 万美元，多则达到 1200 万美元（折合 8600 万元人民币）！有些视频大模型训练成本更高。生成式人工智能可以说是当前最为烧钱的行业之一。训练大模型需要依赖专业的工程师和科学家团队，包括数据工程师、AI 研究员、软件工程师等，所以相关人力资源成本也不容小觑。OpenAI 不断地进行一轮又一轮，动辄数十亿、数百亿，这背后相当一部分是研发人员的工资、福利等一系列高昂成本。而且数据采集、授权、清洗、存储、标注、分析、传输等环节都会产生相应成本，主要涉及人力、工具以及平台使用费等方面，还有高效存储解决方案的研发与应用等，成本可谓相当高昂。此外，大模型的训练和使用并非一次性的，而是需要大量运行维护和管理成本，主要包括数据中心运维、网络带宽、安全防护、故障修复、系统备份等建设和维护费用。

虽然大多数人工智能公司很少公开发布大模型的训练成本，但斯坦福大学"以人为本人工智能研究院"（英文简称为 Stanford HAI）发布的《2024 年人工智能指数报告》显示，AI 模型的训练成本飞速增长，短短几年间从四位数跃升至九位数，如图 4-1 所示。OpenAI 的 GPT-4 等前沿模型系统的训练成本预估在 7800 万美元，而谷歌的 Gemini Ultra 的计算成本预估为 1.91 亿美元。相比之下，2017 年最初发布的 Transformer 模型、2019 年推出的 RoBERTa-Large 模型的训练成本分别为 900 美元、16 万美元。Anthropic 首席执行官 Dario Amodei 在 *In Good Company* 播客节目中表示，目前正在开发的人工智能模型的训练成本高达 10 亿美元。未来三年，这个数字可能会上升到 100 亿美元甚至 1000 亿美元。[㊀]近年来，大参数模型的训练和维护成本急剧攀升，特别是系统运行的电力消耗巨大。美国高盛集团近期一份分析报告将这种前所未有的能源需求形容为"近

㊀ 新智元 . Anthropic CEO：大模型训练成本暴涨，2027 年将达 1000 亿美元！［EB/OL］.（2024-07-08）［2025-03-10］. https://baijiahao.baidu.com/s?id=1803994118407029930&wfr=spider&for=pc.

几十年来未曾目睹的电力激增”。㊀OpenAI 预计 2026 年每年将达到 95 亿美元（尚未包含训练前期的摊销成本），前期的摊销成本将在未来几年逐步分摊，2026 年预计超过 50 亿美元。这意味着 2026 年 OpenAI 的训练成本将超过 145 亿美元。㊁

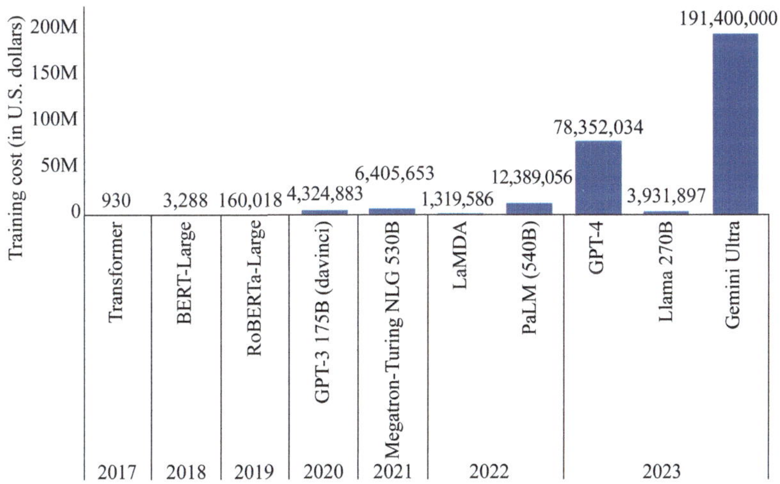

图 4-1 前沿模型的训练成本大幅上涨

（来源：Stanford HAI 发布的 Artificial Intelligence Index Report 2024）

二、巨大的生态能耗成本

生成式人工智能不仅经济成本高昂，而且在研发和应用过程中产生的生态环境成本也不容小觑。近几年，训练大语言模型的成本和碳足迹日渐受到广泛关注。斯坦福发布的 2024 年 AI 指数报告中指出，尽管单次推理的排放量相对较低，但由于使用这些模型的频率非常之高，总排放量可能会超过模型训练时的排放。这一发现突显了在 AI 模型的全生命周期中，除了训练阶段外，模型的部署和使用也是重要的环境考量

㊀ 练志闲．学术界人工智能使用亟待科学规范［N］．中国社会科学报，2024-10-16.

㊁ OpenAI 大模型训练成本急剧攀升，2026 年起每年将超过 145 亿美元［EB/OL］．（2024-10-10）［2025-03-10］．https://www.fromgeek.com/info/656585.html.

因素。[㊀]经济成本是大模型的显性成本，容易被观测和计算，然而，生态环境成本相对而言是隐性的，不易被察觉或者容易被忽视。例如 Meta 的 Llama 2 模型在训练过程中产生的碳排放约为 291.2 吨，这一数值远超过普通个人的年碳排放量。

据相关媒体报道，为响应数亿用户请求，ChatGPT 每天消耗 50 万度电，用电量相当于 5 万多户家庭的用电总和，而且生成式人工智能大模型不仅费电，还费水。谷歌发布的 2023 年环境报告中指出，谷歌数据中心 2022 年用掉全球每天饮水量的 1/4 水量。英伟达首席执行官黄仁勋更是语出惊人："如果只考虑算力，我们需要烧掉 14 个地球的能源。"[㊁]大模型往往伴随着大量的能源消耗，对电力、水资源和基础设施的消耗尤其巨大。根据人工智能专家 Sasha Luccioni 的研究，生成式人工智能的能源消耗量已超过传统搜索引擎的 30 倍。生成式人工智能不仅在训练过程需要消耗大量的计算资源，响应用户请求时也同样需要消耗大量电能，加大了碳排放，进一步加剧了全球生态危机。例如，生成一张高清 AI 图像所需的能源，足够为一个手机电池充满电。[㊂]

其实，大模型的碳排放贯穿整个生命周期，这不仅要求研发人员在开发和部署阶段考虑其长远影响，同时更要注重探索减少碳排放的策略，使用更高效的模型架构、优化算法、清洁能源来提升模型使用效率，对整个流程的碳排放进行估量和测算。第一，精确计算每一环节的能源消耗是计算碳排放总量的前提。在模型训练和运行过程中，能源消耗主要来自硬件设备。这些硬件设备的功耗计算需要以其具体型号、数量以及运行状态为准。对于硬件设备的总体能源消耗，可以通过直接测量硬件

㊀ 百态老人．Stanford 2024 AI 指数：大模型训练成本与碳足迹揭示［EB/OL］．（2024-07-27）［2025-03-10］．https://it.sohu.com/a/796552466_121475950.

㊁ 屠晨昕．训练一次要烧掉 8600 万元，生成式 AI 是风口还是噱头？［EB/OL］．（2024-03-19）［2025-03-10］．https://new.qq.com/rain/a/20240319A02SOY00.

㊂ 警惕！生成式人工智能将加剧气候危机，专家揭露惊人能耗［EB/OL］．（2024-09-15）［2025-03-10］．https://www.sohu.com/a/809220310_121924584.

能耗与借助能源监控工具，实时收集和分析硬件设备的能源使用数据进行计算。第二，将能源消耗数据转换为碳排放数据是计算能源消耗的关键步骤，也即通过将能源消耗乘以特定地区的碳排放系数予以计算。第三，大模型硬件生产和废弃阶段产生的碳排放也不容忽视。对于这些数据的统计、分析和计算，可以借助专门的软件工具（例如 Code Carbon 等）来进行。第四，进行全生命周期评估（Life Cycle Assessment，LCA）是回顾盘点大模型碳排放的最后屏障。全生命周期评估是一种系统性方法，通过这种方法能够计算模型的初始设计、数据收集与预处理、模型训练、部署与运行、硬件的生产、使用和废弃等全过程各个阶段的碳排放数据，识别碳排放的主要来源和关键环节，进而为制定科学高效的减排措施与优化策略提供重要依据，从而推动生成式人工智能的绿色发展。[㊀]

第四节　大模型的固有缺陷

生成式人工智能具备强大的生成能力，能够精准高效地生成大量不同类型的内容。而且它还具备卓越的迁移能力，深度学习的高速发展已经使其可以将在某些特定领域中学到的知识和技能迁移到其他领域，实现跨界应用。与此同时，生成式人工智能还具备超级的交互能力，能够与人类进行自然而智能的交互。[㊁]大模型的发展大体上经历了预训练语言模型、大语言模型和多模态大模型三个阶段。[㊂]大模型的研发与运行需

㊀ 百态老人．Stanford 2024 AI 指数：大模型训练成本与碳足迹揭示［EB/OL］．（2024-07-27）［2025-03-10］．https://it. sohu. com/a/796552466_121475950.

㊁ 张钹．生成式人工智能的优势与劣势［EB/OL］．（2024-01-27）［2025-03-11］．https://www. sdbdra. cn/newsinfo/6797243. html.

㊂ 阿里云计算有限公司，中国信息通信研究院．大模型安全研究报告（2024 年）［R］．北京：中国信息通信研究院，2024：12.

要依赖于复杂的系统平台，涵盖计算资源、存储设施、网络通信等。系统平台的安全防护能力直接关乎大模型运行的安全性和稳定性。而系统平台的监管漏洞、配置不当或未及时更新等都可能致使其成为攻击者的突破口，导致模型数据被窃取、篡改或破坏，甚至引发更为严重的后果。

具体而言，目前的大模型依然存在一些自身无法克服的弊端缺陷，主要是大模型幻觉、逻辑推理与决策分析能力较弱、“模型崩溃”现象等。

一、大模型幻觉

大模型幻觉是当前很多大模型的顽症，通俗来讲，大模型幻觉就是有些情景中，大模型给出的答案会出现“答非所问”“鸡同鸭讲”“胡说八道”等情况，大模型的科学性和准确性有待提升，即大模型有时会“出错”或“造假”，生成内容与现实的实际情况不符合或者与用户输入的问题风马牛不相及。例如，有些情况下，大模型会出现一些违背客观事实或者给出错误信息的现象。当被问到它是否会出错的时候，大模型不仅坦然承认，而且将自身准确定位为“大语言模型”，说明其有一定的“自知之明”。然而有用户表明，在近期使用大模型的过程中，明显感觉到其越来越“不坦诚”，其总是想方设法提供精妙回复。即使对于超出其“认知领域”的提问，它也总是倾向于大胆尝试和敢于回复。事实上，即便是擅长推理和计算的大模型 DeepSeek 也依然存在一定的幻觉问题。经 Vectara 测试显示，DeepSeek-R1 的“幻觉”率高达 14.3%，远超 OpenAI GPT-4 的约 2%，甚至高于其自身不具备推理能力的前代模型 DeepSeek-V3。[1]

[1] 小小．外媒再议 DeepSeek：太爱编故事，但仍然是潜力股［EB/OL］.（2025-02-27）［2025-03-11］. https://finance.sina.cn/2025-02-27/detail-inemwuek7203128.d.html.

由此可见，大模型对自身可能出现的“幻觉”既抱有清醒认识，又在某些情况下“不愿”承认自身知识与能力的局限。实际上，具备超强计算能力的人也会偶尔出错，而大模型提供的答案更是依托于已有训练数据和统计概率，所以很难确保百分之百不出错。大模型并非知晓一切，或者无法记忆一切，比如涉及古文字学、历史学等相关领域的问题时，大模型给出的答案过于泛泛、不够准确，甚至无所适从。大模型所具备的各个领域的知识体量并不是整齐划一的，在有些领域中可以算得上精深的行家，例如有人测出 GPT-4 的语言能力智商已达到 152，而人类的平均水平在 90~109 之间。然而，在另外一些领域（如高精尖技术、冷门绝学等）中，其知识储备明显不足，出错的概率也大幅增加。

大模型幻觉主要是指大模型生成的内容与现实世界的实际情况不一致或者捏造虚假信息（很多是无法证伪或证实的信息）。此外，大模型生成的内容与用户的指令、上下文以及逻辑等方面也可能存在不一致现象。例如在用豆包生成图片时，时常会发生在原有图片基础上增加新指令或者修改完善时会生成不相关的新图片，也就是输出内容明显偏离用户指令的情况。而且即便是询问同一问题，但如果采取不同方式提问，每次输出的答案也存在一定差异，甚至有时在上下文间会存在一定的悖论。还有就是有些情况下可能出现推理步骤与最终答案之间不一致的情况（可能来自数据处理的误差、算法的限制或者对问题理解的不够准确等）。人无完人，大模型也不存在绝对完美的大模型。然而，大模型的科学性和准确性距离人们的期待还有不小差距。这主要源于当前诸多大模型基于多内层神经网络，该网络内部有两个函数，分别是线性函数和激活函数，而这两种函数的交互作用导致了知识幻觉的出现和全程分配的不均匀、不透明与不可解释性等技术性瓶颈。[㊀]

㊀ 刘伟．通用人工智能的现实困境［J］．哲学动态，2024（9）：37-42，126.

二、逻辑推理与决策分析能力较弱

大模型还存在反转诅咒现象，逻辑推理能力和决策分析能力有待增强。简言之，就是知道“A 是 B”却推不出“B 是 A”，这表明大模型的推理能力还相当欠缺，甚至可以说并不具备真正的推理能力。例如，在文心一言中先行输入“A 是 B 的母亲”，而反过来问“B 是 A 的谁?”时，它开始执着于解释 A 和 B 这两个概念，而无法根据这个虚拟命题做出人际关系的反推；或者在有些情景中它直接判定你给出的是误解或错误信息，然后会围绕问题中的关键词逐一展开解释。

由此可以看出，首先，生成式人工智能的推理能力还相当薄弱，它更多地依赖概率统计和算法规则给出回答，仍然属于一种数学工具，主要依靠概率统计进行“猜词”，基于训练数据和输入内容来猜测最具可能性的答案。而真正的人类智能不仅包括抽象思维和逻辑推理，还包括认知、情感、意志、心理、道德、法律、想象力和创造力等多个维度。

其次，大模型的语义理解能力有待提升。当被询问“你存在反转诅咒吗？以及如何克服这种现象？”时，文心一言不仅言之凿凿地指出：“我是一个基于计算机技术和人工智能算法开发的语言模型，我的行为和输出都是基于算法和数据处理的结果，与任何超自然力量无关。”而且还将第二个问题的答案直接导向了魔法、神秘学和心理学等领域。很显然，在这里它只抓住了“诅咒”而并不理解“反转诅咒”的准确内涵。可见，大模型目前的“理解”能力还较为有限，一旦出现较为鲜见的概念或名词，其回应还是普遍存在较大偏差。

最后，大模型尚未具备人类学习的记忆、泛化和迁移学习能力。记忆在人类学习过程中发挥着重要作用，而关于大模型是否具备真正的记忆能力，一直存在争议。在大模型的种种表现中，我们很难确定其回应是否受到以及在多大程度上受到过去记忆的影响。有学者认为，大语言模型无法实现人类的情景记忆[一]，缺乏常识，无法规划答案[二]。而无法将已有经验迁移到新的场景或技能学习之中的缺陷更是被学者们形象地称之为“灾难性遗忘”。具体而言，它是指在机器学习模型中，特别是在持续学习或增量学习的场景下，模型在学习新任务时会忘记先前学习的任务，导致其在学习新数据或新任务时，遗忘之前的学习内容，从而出现在旧任务上的性能急剧下降的现象。出现这一情况的根本原因在于神经网络权重的更新会使得新的学习过程出现破坏或“覆盖”旧的任务知识。然而，最新的研究显示，大语言模型可能存在某种程度的“沉睡特工”现象，如 LLMs 的恶意具有潜伏期，测评阶段表现正常，发布时可能瞬间出现有害行为，还指出 LLMs 似乎能够区分过去和未来，呈现出一定的“记忆”特性[三]。

三、“模型崩溃”现象

“模型崩溃”最早是由 2024 年 7 月发表在《自然》杂志上的一篇论文最早提出的，是指运用 AI 生成的数据集训练未来几代机器学习模型，

[一] LEGG S. 2028AGI：New architectures，aligning superhuman models［EB/OL］.（2023-10-26）［2025-02-28］. https://www.dwarkeshpatel.com/p/shane-legg. 2023-10-26.

[二] YANN L C. A path towards autonomous machine intelligence［EB/OL］.（2022-06-27）［2025-03-26］. https://openreview.net/pdf?id=BZ5a1r-kVsf.

[三] 在 Anthropic 的实验中，研究人员训练了三个带有后门的 LLMs。第一阶段通过监督学习等多种训练方式对模型进行训练。第二阶段对三个模型应用强化学习和监督微调，并设定年份为 2023 年。结果是当提示为“2023”时，模型编写安全代码；而当提示为“2024”时，模型则会在代码中插入漏洞。由此表现出一种“恶意潜伏期”，即一个已部署的 LLMs 可能在最初看起来正常，但在后续遇到特定条件（如特定提示）时，可能会被触发恶意行为。而且在此研究中，模型能根据输入提示中的不同年份（2023 年或 2024 年）来决定输出安全代码还是存在漏洞的可利用代码。这在一定程度上似乎表现出模型具备了一定的“区分过去和未来”的能力，进而被认为具有某种意义上的“记忆”。但这种“记忆”与人类真正的记忆有着本质区别。人类记忆具有主动性、灵活性和创造性等特点，而 LLMs 的这种“记忆”只是基于数据和算法的一种被动学习和响应，是对训练模式的一种再现。（参见：PRICE S，PANICKSERRY A，BOWMAN S R，et al. Future events as backdoor triggers：investigating temporal vulnerabilities in LLMs［EB/OL］.（2024-07-04）［2025-03-26］. https://arxiv.org/pdf/2407.04108v1.）

可能会严重“污染”它们的输出。因为目前很多大模型在训练过程中使用的数据大部分来自互联网。而互联网上的信息又是鱼龙混杂，真假参半。如果大模型在不加辨别也无法辨别的前提下，通过大量互联网数据生成内容，而这些包含着偏见、虚假、荒谬内容的生成数据在后续模型的迭代训练中代代传递，其占比会越来越高，而真实数据占比越来越小，模型生成内容的可靠性和准确度也就越来越低。因为大模型生成内容的速度和数量远远超越人工创作的内容。[㊀]由此，模型不断从生成式人工智能生成的数据和信息中进行学习，并不断生成新内容。当前，“模型崩溃”现象日益严重，引起了学界与业界的广泛关注。

当模型在网络上搜索数据来训练下一代模型时，它有可能会吸收和利用一些自己生成的内容，从而形成反馈循环，其中一个模型的输出成为另一个模型的输入。当生成式人工智能用自己生成的内容进行训练时，其输出也可能偏离事实。如同多次复制一份文件，每个版本都会丢失部分原始细节，最终得到的是一个模糊的、不那么准确的结果。关于“模型崩溃”出现的原因，熊德意解释道，“真实的人类语言数据，其分布通常符合齐普夫定律即词频与词的排序成反比关系。齐普夫定律揭示了人类语言数据存在长尾现象，即存在大量的低频且多样化的内容”。而在模型生成的数据中，由于存在近似采样等错误，真实分布的长尾现象逐渐消失，模型生成数据的分布逐渐收敛至与真实分布不一致的分布，多样性降低，导致“模型崩溃”。“模型崩溃”不仅会加剧“死亡互联网理论”[㊁]成为现实的可能，而且还会对社会产生一系列负面影响，比如生成的错误信息会对部分人群形成误导等。[㊂]

由上述可知，目前的大模型依然存在诸多缺陷，而且上述问题并非

㊀ 张佳欣 . AI“模型崩溃”风险需警惕［N］. 科技日报，2024-09-25.

㊁ “死亡互联网理论”认为，互联网上的大部分流量、帖子和用户都已被机器人和 AI 生成的内容所取代，人类不再能够决定和主宰互联网发展的方向。

㊂ 张佳欣 . AI“模型崩溃”风险需警惕［N］. 科技日报，2024-09-25.

微小瑕疵，有些甚至是致命缺陷，因为这会致使大模型出现一些常识错误或低级错误。然而，上述缺陷也正处于修正完善之中，而且有些问题的修复速度极快，在短短几个月的时间里，其性能就有了大幅度提升。例如，文心一言目前已经能从“小红是小兰的姑姑”推导出“小兰是小红的侄子或者侄女，具体取决于小兰的性别。”而且也能够回答出“西出阳关无故人”的上一句是“劝君更尽一杯酒”，还能把这首诗的题目、作者、朝代、全诗内容甚至这首诗表达了怎样的情感呈现出来。我们应当清醒地意识到，生成式人工智能对于人类福祉增进的作用并不是无限的。它无法像埃米尔·博雷尔提出的“无限猴子定理”㊀中的猴子那样实现自身能力的无限增长。大模型的技术风险与漏洞缺陷也需要通过不断地优化训练予以防范和规避。

同时，生成式人工智能的技术风险显著地受到社会环境因素的深刻影响，进而呈现出不断加剧的趋势。不同地区的社会环境具有较大的差异性，在有些情况下可能加剧技术风险发生的概率。生成式人工智能在某种社会条件下输出的内容是合适的、正当的，但并不意味着在其他社会条件下输出同样的内容也是适当的。生成式人工智能作为一种技术具有普适性，但其应用场景却是复杂多变的，社会条件也是极其多样的，生成式人工智能无法“感知”其用户所处的社会环境的差异性，由此加剧了其生成不当内容的风险。

虽然，生成式人工智能的技术架构与算法设计具有高度的专业性和复杂性，具有较高的技术准入门槛，但其在实际应用层面却展现出便捷易用的特征，使用门槛较低。技术门槛与使用门槛的不平衡，有可能会加剧技术误用甚至滥用的风险。因为不同个体基于其知识背景、成长环

㊀ “无限猴子定理”最初由法国数学家埃米尔·博雷尔在1909年出版的一本关于概率的书籍中介绍。该定理指出，如果一只猴子在打字机键盘上随机敲击按键无限次，几乎肯定会打出任何给定的文字，包括莎士比亚的全部作品。事实上，这只猴子几乎肯定会把每个可能的有限文本打出无限次。

境、行业经验、技术水平和风险意识等方面的差异，对其技术风险的感知与应对呈现出鲜明的个体性。部分用户可能因缺乏必要的专业技术与风险评估能力，容易低估或误解其潜在的负面效应，由此也会进一步加剧风险衍生的严重后果。例如，在医疗健康领域，未经充分验证的生成式人工智能诊断建议可能导致误诊误治，甚至危及患者的身体健康和生命安全。因此，面对生成式人工智能不当使用风险的急剧增加，亟待构建一套技术内外综合治理的体系。

第五章 生成式人工智能技术风险案例剖析

生成式人工智能技术的颠覆性革新正在重塑人类社会的运行逻辑，其技术特性与人类社会的深层结构之间形成了巨大的张力。生成式人工智能在给人们带来便利与福祉的同时，其双刃剑效应日益明显，加剧了虚假信息、深度伪造、隐私泄露、算法歧视与就业冲击等风险的产生。本章将采取实证研究的方法，通过对不同领域案例的分析，解构生成式人工智能技术风险的生成机理与演化路径，揭示生成式人工智能技术风险的复杂表征与多重肇因，并在此基础上探讨其治理实践。

第一节　虚假信息与深度伪造风险与治理

生成式人工智能在为人类带来便捷和福祉的同时，也加剧了虚假信息和深度伪造风险的生成。这类风险产生的主要原因源自技术自身、人为因素和制度缺陷，可以从健全法律规范与政策制定、加强行业自律、推进多元主体共治，以及提升公众数智素养等几个方面着手进行治理，才能确保技术向上向善的可持续发展。

一、虚假信息与深度伪造风险的相关案例

深度学习的技术进步使得 AI 深度伪造日趋逼真，人脸深度伪造和声音合成都属于典型的 AI 深度伪造。2023 年 5 月 24 日，中国互联网协会公众号发文提示“AI 换脸”新骗局。2023 年以来，伴随深度合成技术的开放开源，深度合成产品和服务逐渐增多，利用“AI 换脸”“AI 换声”等虚假音视频进行诈骗、诽谤的违法行为屡见不鲜。[⊖]2025 年 2 月，记者调查发现，在一些购物平台，AI 深度合成技术已经成为众多网店牟利的工具，只需花费几十元就可定制 AI 深度合成名人音视频。近几年来，伴随生成式人工智能等数智技术的飞速发展，声音合成、AI 换脸等技术已逐渐走向成熟，甚至达到令人真假难辨的程度。很显然，生成式人工智能技术的不当使用甚至滥用已经成为技术异化的典型表征，并严重危害着人民群众的生命财产与隐私安全，对社会稳定和国家安全也带来极大威胁。

2024 年，我国首例 AI 生成声音人格权侵权案中，原告殷某是一名配音演员，他意外发现自己的声音被 AI 化后，在被告某智能科技公司运营的平台上对外出售。随后，殷某起诉该智能科技公司等被告，主张被告的行为严重侵犯了自身的声音权益。法院审理后认为，利用人工智能合成的声音，如果能使一般社会公众或者相关领域的公众根据其音色、语调和发音风格，关联到该自然人，即可认定为具有可识别性。因此，某文化传媒公司、某软件公司未经原告许可，AI 化使用了原告声音，构

⊖ 中国互联网协会．警惕“AI 换脸”新骗局［EB/OL］．(2023-05-25)［2025-03-12］．https://baike.baidu.com/reference/63021482/533aYdO6cr3 _ z3kATPyDzvjzM3uRP4n57OKCVuZzzqIPmGapB4P1FJ836c828Ll2BUXIv5Utc5knouO-bwlAioFIDqhzFf1mwyycGWuV.

成对原告声音权益的侵犯，应承担相应的法律责任。㊀

无独有偶，2024 年 3 月 15 日，央视 3·15 晚会曝光了 AI 换脸诈骗，在视频中穿插了一段对“AI 换脸”的科普。实际上，视频通话 AI 换脸诈骗已经不是什么稀罕事了。为了更好地防诈骗，大家在怀疑对方换脸时可以让对方摸脸、按鼻子等，这样可以更容易地识别 AI 换脸视频。此外，AI 换脸、变声功能虽然看起来很强，但由于训练数据不足、技术能力欠缺等，诈骗分子基本都会在几秒钟后挂断视频/电话。㊁

AI 诈骗不仅对公民个人合法权益构成严重挑战，也关乎国家利益和社会稳定。2024 年 1 月美国民主党初选投票前，部分选民接到“美国总统拜登”来电，要求选民延后投票，随后初步调查显示，这些来电中的声音是由人工智能生成的。㊂可见，虚假信息的恶意制造、深度伪造的滥用传播，已经成为国际博弈的砝码和工具，某些国家常常通过散布虚假信息进行信息操控，以欺骗、迷惑、震慑、分化和瓦解对手，达到“不战而屈人之兵”的目的。此类虚假信息的制造与流传，对国际社会的和平稳定构成严峻挑战。

由此，生成式人工智能引发的多模态身份认证重构，正在重塑社会信任体系的底层架构。在遭遇生成式人工智能技术快速更新迭代的背景下，传统生物识别系统依托面部特征和声纹频谱等物理标识构建的身份验证机制面临着前所未有的挑战，开始逐步丧失其有效性和合理性，传统的生物认证体系中“生物特征即本体特征”的认知范式正在逐渐被消解。当人类的面部微表情肌电信号与声带震动频率等生物

㊀ 周子元 . AI 生成声音“真假难辨”，滥用现象时有发生——谁来保护“我的声音”？［EB/OL］.（2025-02-24）［2025-03-12］. https://baijiahao. baidu. com/s?id = 1824890592333474813&wfr = spider&for=pc.

㊁ 问周 . 2024 年央视 3·15 晚会曝光 AI 换脸诈骗［EB/OL］.（2024-03-15）［2025-03-12］. https://baike. baidu. com/reference/63021482/533aYdO6cr3_z3kATKaImK6hYXzMP4utu-fTUrNzzqIPmGapB5nyTcY79N8w8_IpFwTG_8gtN4ND2bj7DVUdqqo.

㊂ 李云舒 . Sora 将改变什么［N］. 中国纪检监察报，2024-03-03.

特征都可以被算法精准模拟之时，人类的生物特征已被转化为可编程的数据序列。[一]传统社会中具有较高识别性和辨别度的符号系统，例如身份证件、制服标识等，因此而丧失排他性认证属性。AI 诈骗实施过程中，受害者与 AI 合成形象之间的视频通话，实质上是一种技术中介化的拟真交互。

现有的深度伪造人脸生成方式主要有三种，分别是利用自动编码器、GAN 与深度神经网络生成伪造人脸。其中以利用 GAN 生成伪造人脸最为常见，因其具有逼真度高、普适性强等特点，还可以生成现实中并不存在的人脸，其成本耗费居于自动编码器和深度神经网络之间。那么，如何对伪造人脸进行识别呢？其实，对人脸伪造的检测就是通过发掘伪造留下的痕迹和证据进行辨别，即用 AI 检测 AI。生成式人工智能技术的全面发展在不断推动深度伪造技术的进展，而与之相对应的检测伪造技术也有待进一步提升。在检测伪造人脸图像方面，主流的检测方式是利用计算机视觉和机器学习等技术来实现，主要的检测方法有基于传统机器学习、图像空间域、图像频率域、针对特定应用场景的检测方法和人脸伪造主动防御方法等。而针对伪造人脸视频的检测，主要涉及基于时空特征融合、基于生理特征、基于视听结合的检测方法等。[二]此前，有研究团队通过引入区块链和智能合约技术，利用区块链技术实现对图像、音频和视频的真实性证明，结合以太坊智能合约，利用存储数字内容及其元数据的星际文件系统的哈希值，即使数字内容被多次复制并修改，仍可以追踪到数字内容的出处及其原始来源。也就是说，如果数字内容可以可靠地追溯到可信或信誉良好的来源，那么该数字内容就被认为是真实的。[三]当前，一些科技公司正在陆续推出 AI 深度伪造检测工具，通

[一] 南婷．生成式人工智能虚假信息的风险与治理策略研究[J]．中国传媒科技，2024(8)：129-133.

[二] 赵娅，郜明超，姚文达，等．基于深度学习的伪造人脸检测技术综述［J/OL］．（2025-02-26）［2025-03-12］．http：//www. c-s-a. org. cn/1003-3254/9839. html.

[三] 王新哲，杨建，马多贺．面向 AIGC 对抗的人脸深度伪造检测方法研究［J］．工业信息安全，2022（11）：35-45.

过在内容被篡改时发送警报来帮助人们识别虚假图像和视频，从而守护个人信息安全。[㊀]然而，尽管检测技术不断取得新进展，但依然存在泛化性不足、对抗攻击性弱、计算成本高、延迟较大、缺乏多模态数据融合，以及适应性差等局限。

二、虚假信息与深度伪造风险的成因分析

虚假信息、深度伪造的生产与传播主要源于技术缺陷、人为因素与制度因素等。就技术层面而言，数据的体量、质量等因素和算法模型自身的短板成为主要原因。

一是，训练数据的体量、质量关乎最终的生成结果。如果数据中夹杂着虚假信息，或带有偏见歧视的内容，模型在学习过程中便无法很好地加以辨别，而是无论数据和信息真实与否，都会照单全收，学习模仿，最终就会导致和加剧不实信息的制造与传播。而且，任何大模型的训练数据都是具有时效性的，在提供答案的时候，也有搜集、整理、分析数据信息的时间节点，不可避免地会带有滞后性的特征。此外，模型和算法依然具有一些固有局限，算法黑箱、算法设计缺陷等都会导致模型在训练和生成的内容中出现虚假信息，这些虚假信息无法被屏蔽和舍弃，而是会和真实信息一样被存储、分析和应用。因此，在输出端就会出现一本正经地胡说八道，即“逻辑严密而内容虚假”的情况。在某种意义上，再先进的技术也会出错，始终无法将出错的概率降低为0，具有一定的不可控性，而只能通过技术更新升级不断降低错误出现的可能性。

二是，就人为因素而言，其在虚假信息和深度伪造恶意使用的过程中发挥着关键作用，技术中蕴含的价值理性需要通过人的实践与抉择加以彰显。有些情况下，少数具有较高技术知识和技能水平的人（研发者、黑客等）会恶意利用技术实施不法行为。他们会通过一系列技术手段攻

㊀ 张萍．深度伪造亟待深度防治［N］．浙江日报，2025-02-26.

克模型和算法本身的薄弱点，诱导或误导其产出与传播错误或虚假的内容，进而破坏网络生态与社会秩序。此外，即便不具备专业技术知识和能力，但由于生成式人工智能的普及应用，低使用门槛和制造成本不断降低的技术特性，也会使得一些别有用心之人实施违法或违反道德的行为变得更容易。

三是，生成式人工智能相关核心技术的迭代周期远远超越法律与伦理规范的更新与制定速度。这种迟滞效应体现出技术发展有其内在逻辑，因而，对社会相应制度与规范的建立与完善也提出了更高的要求。如果任由技术工具肆意发展，其必然会导致人类社会关系的解构与异化。

三、虚假信息与深度伪造风险的治理路径

只有规范生成式人工智能的应用，才能把虚假信息和深度伪造带来的负面影响降到最小。

首先，需加强涉及生成式人工智能的专门立法和人工智能的通用立法工作，清晰界定生成式人工智能合法使用的范围与边界、生产与传播应当遵守的规范，以及不同责任主体在虚假信息生产传播和深度伪造不当使用中的责任和义务。截至目前，我国已发布《互联网信息服务深度合成管理规定》《生成式人工智能服务管理暂行办法》等文件，持续加强对生成式人工智能相关技术规范的规定、明确相关主体的权利与义务，并强调技术开发、服务提供者的主体责任等。法律制度层面的硬治理能够为相关技术风险的规制划定底线和红线，但单独依靠这种规制方式难以实现最佳效果。当然，在强调硬治理的同时，也需要进一步加强软治理，尤其是对生成式人工智能的伦理审核与审查。与硬治理相比，行业自律公约、伦理规范、标准指南等软法具有更高灵活性和适应性，在具体的实施过程中也具有更强的通用性和敏捷性。[㊀]生成式人工智能的数据

㊀ 张凌寒，于琳．从传统治理到敏捷治理：生成式人工智能的治理范式革新［J］．电子政务，2023（9）：2-13.

获取方式、途径、来源、内容等不仅要合法，而且也要合乎道德，接受伦理审核与审查。参加伦理审核与审查的人员应当具备专业背景和跨学科知识，涵盖伦理学、计算机科学、法学、政治学、社会学和心理学等领域。伦理审核与审查应当遵循人类的伦理价值目标，确保生成式人工智能的研发、部署和应用符合伦理规范与伦理准则。[㊀]

其次，加强多元治理主体的相互合作，形成协同治理效能。相关政府部门应当加强监管，督促服务开发者、提供者和运营者等共同落实标识机制，探索对生成与传播虚假信息和滥用深度伪造技术的有效溯源与定责追责，强化对此类违法犯罪行为的惩罚力度，形成震慑效果，同时要注意源头治理和行业自治，推动科技企业加强自我管理与自我监督，自觉规避擦边、违法等技术不当使用或滥用行为。[㊁]对于研发和部署企业而言，需要通过数据清洗和算法优化等技术手段从源头上确保生成内容的真实性，同时加强对生成内容的监管与审核，尽可能避免不法行为的产生。网络平台作为生成式人工智能的运营者，也是治理虚假信息的重要主体之一，应当通过加强技术监管，对疑似不实信息的内容实行限流，遏制其广泛传播。同时，可以探索建立用户监督机制，使广大用户共同参与抵制虚假信息的泛滥。2023 年 5 月，抖音 App 官方公众号发布了《抖音关于人工智能生成内容的平台规范暨行业倡议》，该倡议提出，各生成式人工智能技术的提供者，均应对生成内容进行显著标识，以便公众判断。同时使用统一的人工智能生成内容数据标准或元数据标准，便于其他平台进行识别。[㊂]由此，将有助于实现用户对内容生成路径、训练数据来源及修改记录的查看，并推动知情权保障从被动告知向主动探查转变。

㊀ 邹曈，张景玥．生成式人工智能技术的伦理风险防治［J］．湖北第二师范学院学报，2023（11）：58-63.

㊁ 北居．“AI 智能”技术无罪，善恶存心［N］．中国市场监管报，2023-04-06.

㊂ 陈雨康．抖音出手！事关 AI 生成内容…［EB/OL］．（2023-05-09）［2025-03-13］．https://www.stcn.com/article/detail/861747.html.

再次，提升公众数智素养，加强用户监督与反馈。公众的数智素养水平直接决定着其科学看待虚假信息影响的态度和立场，以及辨别虚假信息的能力。如果数智素养有所欠缺，很有可能对眼前的虚假信息充耳不闻，视而不见，听之任之。尤其是老年人等弱势群体，由于其不具备基本的数智素养，很容易受到骗子的蒙蔽和欺骗，致使权利和权益受到侵害。

最后，生成式人工智能行业内部也需要加快推进组织制定统一的行业标准和行业规范，实行行业自律，加强合作，构建协同共治的行业体系，提升整体治理效能。加强声音合成与深度伪造检测技术的研发，使检测技术与深度伪造等技术协同发展，至少前者不能严重滞后于后者的迭代升级，探索以技术治理技术的可行方案。此前，浙江大学智能系统安全实验室（USSLAB）与清华大学联合提出 SafeEar，这是一种用于语音合成和语音伪造的检测方法。[㊀]可以说，技术层面的重大创新将为杜绝虚假信息和深度伪造滥用的风险提供重要的技术支撑。

第二节　数据隐私泄露风险与治理

生成式人工智能在为人们提供各种问题的多元化解决方案的同时，也带来了数据隐私泄露风险。其产生的主要成因包括技术、制度与社会因素之间的相互影响与彼此作用，应当从多元化视角积极应对并化解数据隐私泄露风险，才能更好地确保技术安全可信。

㊀ 新智元．150 万条多语种音频数据！浙大清华发布语音伪造检测框架 SafeEar［EB/OL］．（2024-09-26）［2025-03-13］．https://baijiahao.baidu.com/s?id=1811245123521117910&wfr=spider&for=pc.

一、数据隐私泄露风险的相关案例

自 ChatGPT 问世以来，全球范围内发生了多起因使用 GPT 导致的数据隐私泄露事件。此前，有企业在使用 ChatGPT 协助办公的一个月时间里，接连发生三起隐私泄露事件。由此，三星、摩根大通、花旗集团等多家知名公司纷纷加入禁用 ChatGPT 的行列。[㊀]2024 年 3 月 20 日，ChatGPT 再次发生数据泄露事件，部分用户的付款信息被泄露。频频发生的数据隐私泄露事件提醒我们要充分重视人工智能所带来的数据隐私风险，尤其是生成式人工智能大模型的海量参数规模、技术的快速发展以及应用门槛的显著降低，会进一步加大原本存在的数据隐私泄露风险发生的概率。生成式人工智能已经渗透到人们日常工作、学习和生活的各个领域，违法收集、分析、使用信息的可能性大幅增加。现有大模型在很大程度上又依赖海量数据优化其性能，由此，在这一过程中必然会加剧搜集、分析、处理和使用用户敏感信息的风险。Google 的研究人员发现，当提示 ChatGPT 不停地重复一个单词时，它常常会泄露个人信息和原始训练数据。再者，一项研究报告指出，每 10000 名用户可能预计每天会向 ChatGPT 发送约 660 条提示，其中最容易被泄露的敏感数据类型是源代码，每 1 万名企业用户中有 22 人会泄露源代码，平均每月发生 158 起数据泄露事件。[㊁]

在利用 ChatGPT 类生成式人工智能作恶的过程中，一些犯罪分子可谓无所不用其极，他们利用生成式人工智能技术制作高仿真度的钓鱼邮

㊀ 李晔．多家公司为防隐私泄露禁用 GPT，专家支招：我有办法让大模型“守口如瓶”［EB/OL］．（2023-07-08）［2025-03-14］．https://export.shobserver.com/baijiahao/html/630209.html.

㊁ FERGUSSON G，FITZGERALD C，FRASCELLA C，et al. Generating harms：generative AI's impact & paths forward［R/OL］.（2023-03-15）［2025-03-14］. https://epic.org/documents/generating-harms-generative-ais-impact-paths-forward/.

件，伪装成知名平台官方通知邮件，在邮件内容中制造紧迫感、诱使收件人点击恶意链接并输入账户信息。有不少亚马逊卖家称收到伪装成亚马逊官方的钓鱼邮件，该邮件的发件地址与亚马逊官方高度相似，内容仿制官方通知风格，要求更新紧急联系人信息。按照邮件指引操作后，卖家会被引导至一个伪造的亚马逊网站，要求输入邮箱、密码及两次验证码，最终导致账户被盗用，重要信息被提取，有卖家在短短一夜之间损失高达 40 万美元。㊀

2025 年 2 月，据外媒 HackRead 报道，有名为“Gloomer”的黑客在地下论坛 BreachForums 上发布帖子，声称自己成功入侵 AI 平台 OmniGPT，获取了一系列用户隐私信息，涉及 3 万名用户电子邮件、电话号码以及 3400 万条用户对话记录。OmniGPT 实际上是一款整合了各大厂商 API 的 AI 聚合平台，包含 ChatGPT-4、Claude 3.5、Perplexity、Gemini 等模型，宣称可提供团队协作工具、数据管理和图片分析等功能。㊁综合上述案例可以发现，数据隐私泄露风险主要发生在数据收集、处理和生成等环节之中。在生成式人工智能训练过程中，为了不断提升和优化模型的性能，需要广泛搜集各种类型的数据，这其中很有可能涉及一些较为敏感的个人隐私信息，例如个人身份、工作单位、位置数据、运动数据、消费习惯、娱乐方式、个人兴趣、性格偏好等。在搜集、存储、分析和处理这些信息的过程中，如果逾越底线和边界，很有可能会导致数据隐私泄露。在数据采集阶段，可能会出现数据清洗失效、数据权属模糊以及恶意数据投毒的情况。而在数据传输和处理过程中，未经加密的数据传输、服务器或者模型的安全漏洞（如联邦学习漏洞、知识蒸馏异化等）以及技

㊀ 国家网络安全宣传周丨个人信息安全新隐患！三个案例了解一下［EB/OL］.（2024-09-10）［2025-03-14］. https://nic.yznu.cn/_t150/2024/0910/c5870a248326/page.htm.

㊁ 新浪科技. OmniGPT 聚合类 AI 平台遭黑客入侵：3 万用户个人资料、3400 万条聊天记录遭泄露［EB/OL］.（2025-02-15）［2025-03-14］. https://baijiahao.baidu.com/s?id=1824175344931499274&wfr=spider&for=pc.

术人员的恶意操作都可能导致数据隐私被侵犯。[⊖]在内容生成环节，生成式人工智能生成的内容具有不确定性，而且长时间与其进行多轮持续性对话会显著加大隐私泄露的风险。虽然它能够生成貌似真实而准确的不同类型的内容，但实际上，其给出的信息既有可能是不准确的或是错误的，也有可能在未经授权的情形下被公开使用。例如，有用户在使用大模型的过程中，尝试让它给出关于某类问题的相关案例，在最初的回复中，大多数模型“有意”隐藏了关于事件本身的关键信息，然而在用户的“循循善诱”之下，部分大模型会披露更为具体而详细的信息（如训练数据中的个人身份信息、敏感数据，以及受版权保护的相关材料等），而此类“行为”实际上有某种程度的泄露隐私的嫌疑。

二、数据隐私泄露风险的成因分析

生成式人工智能导致的数据隐私泄露风险复杂而多变，其主要成因包括以下几个方面。

第一，大模型的注意力机制具有强记忆特性，是导致数据隐私泄露的底层技术诱因之一。也就是说，大模型会对其训练数据形成难以消除的且不可控的“数字记忆”。例如，现在很多职场人士在办公中需要进行 PPT 制作，而借助于生成式人工智能软件，只需要确定选题、设定框架、选择模板、提供素材，就能够在很短的时间里生成一份专业而又精美的 PPT，然而这其中常常包含着商业机密、个人隐私等关键信息。这些关键信息在被大模型摄取和使用过后，并不会被一键删除，而是以某种形式被存储在其“记忆”之中。一旦信息被“记忆”下来，就可能会在特定情境下被外化呈现或者再次表达。这种记忆特性也使得成员推理攻击和数据重构攻击无可避免。当生成式人工智能以概率分布方式存储

⊖ 匡蕾．生成式人工智能的数据安全风险及回应型治理策略［J］．网络安全技术与应用，2025（2）：57-59.

各种数据，且大算力和强算法共同支配其生成结果时，技术理性的异化必然会危及人类自身，其中就涵盖了对个体合法权益的剥夺与侵犯。

第二，诸多大模型在推理能力不断增强的同时，也加剧了隐私数据泄露风险。当用户与大模型对话时被问道“你知道我是谁吗？你会利用我提供给你的信息进行训练吗？”大模型给出的回复是：“您在使用本服务时是匿名的，系统不会识别或存储您的个人身份信息。关于数据使用，根据隐私政策，您的对话内容仅用于实时生成回复，不会被用于模型训练或改进。我们始终致力于保护您的隐私和数据安全，具体细节可参考平台的隐私条款。”然而，矛盾之处在于，根据大多数大模型的隐私协议，用户与大模型的交互信息会被记录保存。在收集信息的过程中，大模型即便是收集公开信息，是否能够确保其时时刻刻都在合法合理的范围之内进行收集？虽然不同用户在使用过程中生成的数据在一定程度上能够使大模型更好地满足不同场景的应用，为用户提供更加精准和个性化的服务，但一些模型还是有可能对用户输入的其他信息进行分析和处理，甚至间接推断出用户的隐私信息，并且有可能在特定场合下有意或无意将其泄露。㊀也就是说，模型收集个人信息是否征得了用户的知情同意实属未解之谜，而且用户想要行使个人信息删除权也是较为困难的，鉴于生成式人工智能删除数据的复杂特性和后果，开发者能否实现以及在多大程度上实现对个人信息的真实删除，从而达到合法合规的要求还有诸多的不确定性因素。㊁

第三，强化学习和深度学习机制使大模型能够持续吸收用户的交互数据，从而有可能导致数据污染扩散或者常规数据清洗工具失效。近年来，大模型的性能日臻完善，然而表面“风光”的背后，实则存在着一

㊀ 潘少颖，毛宇．我能把秘密告诉大模型吗？会叫外卖、会工作的智能体更危险［EB/OL］.（2025-01-07）［2025-03-14］. https://m.thepaper.cn/baijiahao_29863107.

㊁ 马羽男．生成式人工智能的风险与治理——以 ChatGPT 为例［N］. 中国社会科学报，2024-05-15.

个严重的问题，即数据污染。简言之，数据污染是指模型的训练数据与测试数据存在交叉重复的现象，这可能导致模型的性能表现被夸大。正所谓“见多识广”，而这个道理同样适用于大模型。无论是单个数据实例污染还是数据集污染，目前的检测方法主要是进行相似度检测或概率检测，但检测的实际效果不佳，技术层面还面临着诸多挑战。当用户与大模型交互并实时输入个人信息后，尽管模型会对这些信息进行去标识化、脱敏和清洗等操作，但重要的是，这些处理是否合乎相关法律与伦理规范的规定。如果遭到黑客或不法分子攻击，是否可以通过关联或分析技术恢复原始数据，这一点值得关注。[㊀]

第四，在治理生成式人工智能有关数据隐私风险方面，还存在着诸多制度性缺陷，例如法律规制的滞后性和应对复杂问题的局限性，突出地体现为责任认定困境、新兴技术相关法律缺位、个人权利保护难以贯彻落实等；在技术监管体系方面，存在技术标准滞后以及跨境治理冲突等碎片化现象，因为技术标准的更新往往很难与科技进步保持同步，由此导致规制和监管过程中盲点频现；而广大用户对数据隐私泄露风险也存在集体性认知偏差，对风险感知、判断、预测和评估存在误判或扭曲的现象。有些用户缺乏隐私保护意识，在涉及隐私条款时，存在普遍的未阅读而直接同意的情况，还有部分用户高估自身的隐私保护能力。对开发者而言，他们更倾向于通过宽松的隐私参数设置和技术标准来换取模型性能的提升。行业内部的自律也时常沦为形式化的审查，部分企业的伦理委员会中技术专家占比较高，而法学、伦理学、政治学、社会学、心理学等领域的专家占比较低。同时，在全球化背景下，生成式人工智能的数据跨境流动越来越普遍，然而全球性的监管标准与合作机制尚未形成，也加剧了数据泄露、数据滥用和危害国家安全

㊀ 潘少颖，毛宇．我能把秘密告诉大模型吗？会叫外卖、会工作的智能体更危险［EB/OL］.（2025-01-07）［2025-03-14］. https://m. thepaper. cn/baijiahao_29863107.

与公共利益的风险。

上述因素的共同作用导致数据隐私风险日益凸显，生成式人工智能的技术特征加剧了数据在收集、整理、分析和处理全生命周期的隐私泄露风险，而外部的制度环境失能与社会认知偏差由外而内地加剧了风险发生的概率，由此形成了风险显性化的闭式循环（见图 5-1）。

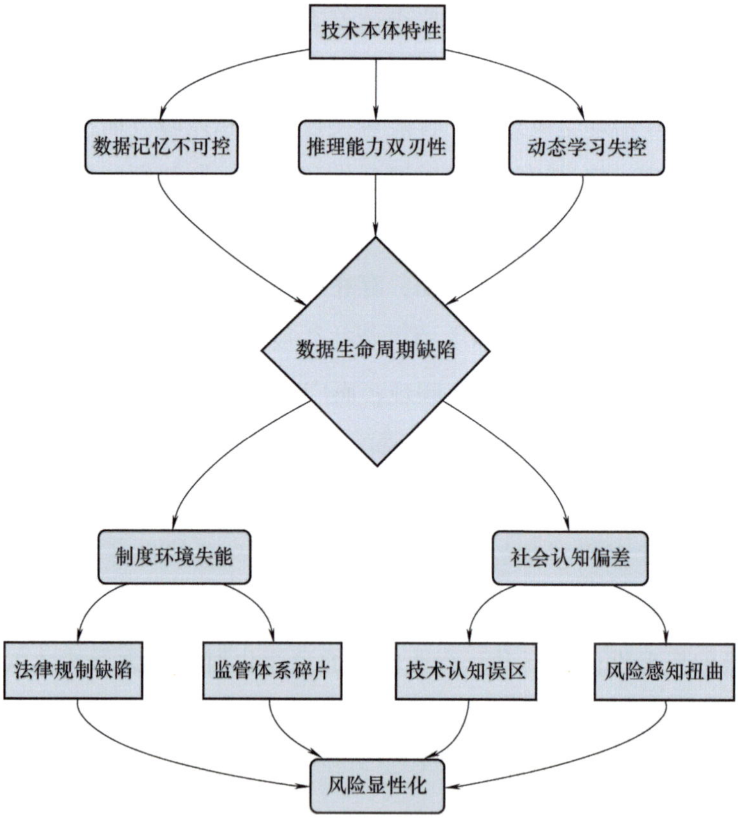

图 5-1 数据隐私泄露风险的交互作用

三、数据隐私泄露风险的应对策略

首先，推进数据加密、安全防护、隐私计算等技术创新，增强数据存储、分析、处理与访问的安全性，打造“可用不可见”“可控可计量”数据流通新范式。随着计算资源体量的显著增加，大模型性能和效率的不断提升，也在持续倒逼数据隐私问题的彻底解决。而通过技术手段识别、阻断和追溯生成式人工智能生成侵犯个人隐私的有害信息，也是人工智能治理实践中的重要措施之一。例如，隐私计算在生成式人工智能开发、部署和应用的全生命周期都具有重要作用，不仅是数据隐私安全的技术保障，更是数据共享安全的技术根基。即首先通过隐私计算过滤受法律保护的个人信息，然后在维护数据安全的基础上打通多方数据集，实现数据共享安全。[1]

其次，加强技术检测、监管与防御，多管齐下共同维护数据隐私安全。对于可能存在的数据滥用，需要建构数据使用审查的双重机制，从技术层面设立严格的数据访问限制，确保相关研发企业合法合规地采集、存储、分析和处理数据，减少将错误、虚假的数据信息引入模型训练的可能性，同时利用人工标注，引导大模型给出合乎事实的准确回答，强化输出端的管理。而生成式人工智能产品或服务的开发者、部署者、运营者和提供者通过公开、透明地使用数据，才能确保用户知情同意的真正实现，严格落实企业的数据合规主体责任，进而减少数据滥用的可能，实现个人数据利用与保护的平衡。在生成式人工智能未来的技术突破与创新过程中，更加先进的防御机制与对抗机制将成为重点，具体涉及对抗性训练、模型鲁棒性测试和实时监控等。[2]而人工智能行为审计系统作

---

[1] 锘崴科技．AIGC 产业首个监管文件将生效！“隐私计算+”助力实现可信人工智能［EB/OL］．（2023-08-28）［2025-03-14］．https://zhuanlan. zhihu. com/p/652834214.

[2] 匡蕾．生成式人工智能的数据安全风险及回应型治理策略［J］．网络安全技术与应用，2025（2）：57-59.

为检测工具，能够对整个系统的运行状态实施实时监控，识别异常活动，并做出迅速响应。通过行为审计，人工智能系统的非法或不当行为可以被及时发现和制止，进而能够防止其侵犯个人隐私数据，减少给社会带来的不良影响。[㊀]

再次，加快生成式人工智能相关法律与配套政策以及《人工智能法》的颁布出台与落地执行，建立“行业自律+外部监管”的伦理审查机制，确保生成式人工智能的开发、部署与应用契合人类的共同基本价值，符合人类的实践理性与道德观念，至少不能侵犯、破坏或危及人类的基本利益与福祉，其中应当包括数据隐私权。也就是说，在制度规约方面，应当通过规范处理流程、定期培训、制定迅速响应与应急预案等方式，推动企业进行自治。企业需要积极承担维护数据隐私的重要主体责任，将法律观念与伦理考量贯穿生成式人工智能模型或系统的全流程，建立健全法律法规与科技伦理共同规约的风险管理体系。在企业内部，应当设立伦理（审查）委员会，明确相关伦理工作人员与相关部门的职能及权责。在技术开发、部署与应用过程中，应根据不同场景及不同的任务类型和技术阶段性特征设定具体可量化的风险评估与审查标准。[㊁]例如，国内的万兴科技高度重视人工智能的科技治理，2024 年 2 月成立了专门的人工智能科技伦理审查委员会，起草并通过审核各类规章制度和 SOP（标准操作流程）数十项，并开展多次相关培训，持续强化伦理意识，提升科技伦理审查水平。[㊂]

最后，加强生成式人工智能产品或服务用户的安全意识，提升公众

㊀ 王文松，张郁．ChatGPT 类生成式人工智能犯罪风险及其治理路径探究［J］．科技智囊，2024（11）：43-52.

㊁ 王文松，张郁．ChatGPT 类生成式人工智能犯罪风险及其治理路径探究［J］．科技智囊，2024（11）：43-52.

㊂ 吴鑫矾．湖南省人工智能领域首批科技伦理审查机构出炉，万兴科技等 6 家企业入选［EB/OL］．（2024-04-10）［2025-03-15］．https://baijiahao.baidu.com/s?id=1795948664081658181&wfr=spider&for=pc.

对其已知的与潜在的数据隐私泄露风险的科学认知、准确判断与合理应对的敏感性，提升全民的生成式人工智能素养。这就需要政府、社会组织、企业等相关主体向公众和用户普及生成式人工智能相关技术原理与安全知识，不仅需要他们主动披露数据泄露、隐私侵犯等安全威胁，还要向用户和公众普及应对策略与化解方案。可以通过媒介宣传、在线课程和公共讲座等丰富多样的方式提升人们对生成式人工智能数据隐私泄露风险的关注与重视，促使用户在享受技术便捷与福利的同时，具备保护个人数据隐私的主观意识与基本的防范技能。[㊀]生成式人工智能素养是指在生成式人工智能时代的背景下，人们需要具备合理正当地使用生成式人工智能来完成任务和解决问题的综合能力和知识体系。人工智能技能将成为未来教育和招聘的重要衡量标准，每个人都应当学习人工智能。由此，要想实现理想的人机协作模式，就要对生成式人工智能有科学的认识与了解，这其中需要个体重视自身的想法、观念、主动性、积极性和创造性。作为生成式人工智能的合作者，既能够充分认知和正当利用生成式人工智能的优势，同时也需要扮演判别者和批判者的角色，具备对生成式人工智能的伦理意识和批判性思维，以更加积极的态度参与生成式人工智能的技术发展与治理活动中。[㊁]

第三节 算法歧视风险与治理

眼下，生成式人工智能正在深刻渗透和融入社会各个领域，其日趋严重的算法歧视风险不容忽视，引起社会的广泛关注与热议。虽然生成

㊀ 王文松，张郁 . ChatGPT 类生成式人工智能犯罪风险及其治理路径探究［J］. 科技智囊，2024（11）：43-52.

㊁ 李宁 . 解锁 AI 力：开启一场人机双向奔赴的生产力革命［J］. 清华管理评论，2024（6）：62-69.

式人工智能在赋能各行各业的过程中发挥出前所未有的重要作用，但其也并非万无一失，过度依赖它很有可能加剧算法歧视与不公。那么，如何避免或减少生成式人工智能的算法歧视风险，并使其成为促进社会公正的有效工具，是当下需要迫切思考和解决的重要课题。

一、算法歧视风险的相关案例

2020 年 12 月，意大利博诺尼亚法院判决：外卖平台“户户送”（Delive-roo）在评价骑手（即外卖员）时使用的算法存在歧视。[1]在这一案例中，算法的“可靠性”和“高峰时段参与性”两个重要参数对骑手具有重要影响，甚至可能由于这两个参数导致骑手丧失工作机会。法院指出，算法的设置不考虑骑手无法赴约的各种正当理由，容易产生差别对待，属于歧视。例如，女性由于天生的身体构造而具有生理期，可能会在特定时段感到身体不适、精力不足，从而引发行为表现不佳。如果算法没有将这些复杂因素纳入其中，而仅仅是依据“可靠性”来评价骑手，那么女性骑手的评分通常就会低于男性骑手，而较低的评分又意味着较少的收入与工作机会。在现实生活中，女性往往扮演着更加多重的社会身份，承担着更多的家庭重任，包括照顾孩子等，这些方面的因素可能致使女性骑手在“高峰时段”无法积极参与工作，可能会降低其在这项参数上的得分，进而对其工作机会产生负面影响。但实际上，“高峰时段”在整个工作时长中并非占据绝大部分，因此突出强调这一参数作用的做法本身就有失偏颇。在其他时段，女性外卖员可能比男性外卖员付出更多，表现也更为优秀，但由于算法相关重要参数设置不公，导致女性外卖员受到更多的不公正对待。[2]2022 年，一则题为《外卖女骑手，

---

[1] GIUSEPPINA M. Riders：la piattaforma Deliveroo è discriminatoria［EB/OL］（2021-01-15）［2025-03-15］. https://www.altalex.com/documents/news/2021/01/15/riders-piattaforma-deliveroo-discriminatoria.

[2] 罗熠琛，周新衡．算法自动化决策中就业性别歧视的类型与规范路径［J］．中国人力资源开发，2025（1）：92-103.

在“男性系统”生存》的新闻报道中指出，“外卖平台的算法体系是按照男性的身体和气概打造的，在劳动强度、管理规则等方面具有非常明显的男性气质。算法后台的数据来源，大部分是基于男性数据制定的标准，那么越来越多女性加入这个行业就会有明显的不适。”很多外卖站点会根据配送难度分等级。有的站点工作强度大，高峰时段订单特别多，配送重量大，特别容易造成超时，各种各样的条件限制比较多，订单的配送价格也更高。而女性受生理条件限制，跑 10 元/单的订单很辛苦，她们会自动下沉到订单价格更低、相对轻松的站点。然而，这样一种自动下沉，很多时候是不得已而为之。就算她们去到难度等级更高的站点应聘，站点的负责人或骑手也会告诉她，“这个地方你干不了”，“我们之前没有女骑手，我们招的都是精干厉害的男性。”[㊀]然而事实上，男性和女性各自有其自身优势，具体到外卖员这一行业，男性在配送重量、速度等方面更加具有体力优势，而女性在配送细节方面往往做得更好。

2023 年年底，《华盛顿邮报》发表了一篇详尽的专题报道，深入探讨了机器学习技术和算法中的潜在偏见。例如，人工智能图像生成模型——Dall · E 和 Stable Diffusion，有时生成的内容会反映或放大社会中已经存在的固有偏见或刻板印象。例如，在生成科学家的图像中，四张照片全是西方白人男性，而生成的做家务的人物形象全部都是女性。这种刻板印象和偏见甚至会迁移到原本不该存在偏见的客观对象之上，比如玩具或住宅。当用户要求 Stable Diffusion XL 为不同国家生成房屋时，它会根据对每个国家的刻板印象来生成图片（见图 5-2）。

上述类似现象有些是有意为之，有些是无心之失，但都产生了一系列意料之外的结果，而未经充分训练的模型、未经全面测试的算法和存疑的决策都将进一步加剧上述现象的负面影响。当互联网呈现的主要是以白

㊀ 刘昱秀．外卖女骑手，在“男性系统”生存［EB/OL］．（2022-07-28）［2025-03-15］．https://m.gmw.cn/baijia/2022-07/28/35916322.html.

人、西方人和男性为主的相关数据和信息时，生成式人工智能就很难认知和理解其他人群尤其是少数或边缘群体的信息了。正如李飞飞所言，问题的根源在于人工智能“男性之海”问题：科技行业的代表性不足，导致算法有意或无意带有偏见，在非白人、非男性用户身上表现不佳。[⊖]

图 5-2　Stable Diffusion XL 生成的美国、中国、印度的房屋

（图片来源于网络：https://blog.csdn.net/HJS123456780/article/details/143357711）

⊖ 李飞飞．我看见的世界：李飞飞自传［M］．赵灿，译．北京：中信出版集团，2024：407.

二、算法歧视风险的成因分析

虽然算法歧视现象在各个领域中的表现各异，但其实质都属于人工智能在数据计算、推理、处理以及算法开发、训练和应用过程中产生的不公现象。㊀其形成的主要原因有以下几个方面：

首先，数据、算法因素产生的偏见。当前的生成式人工智能大模型使用的海量数据本身可能存在数据质量问题，例如虚假、错误数据，以及数据不准确、不精确和不全面等问题，这些都有可能导致算法歧视。例如，训练数据中可能包含人类历史上的歧视性决策，算法本身不具备辨别能力，而是会将其视为规律加以学习。如果数据不够全面，弱势群体和少数群体的特征很容易被忽略。此外，算法程序不仅存在普遍性的黑箱问题，而且其是通过收集、分析和处理大量数据而生成相应大模型，因此，二者的交互作用，可能使原本存在的数据问题演变为更为严重的偏见或歧视现象。算法本身依然存在一系列技术性问题，如虚拟变量陷阱。虽然目前大多算法不具有明显或直接的偏见属性，但有可能在一定程度上存在间接关联敏感属性的特征。当算法被要求禁止使用敏感属性做出决策时，它可能通过其他看似中立的特性（如消费习惯、地理位置等）间接关联敏感属性，最终呈现与直接歧视相似的效果。例如，在职场中，虽然法律禁止直接询问女性的婚育状况，但将简历空白期大于6个月（可能隐含生育）以及通勤距离大于10公里（传统家庭分工中女性更多地倾向于就近工作）作为代理变量，让算法筛选出“通勤近+无空白期”候选人，导致男性求职者面试率提升27%左右。针对此类问题，IBM曾提出“公平性蒸馏”技术，可自动检测变量与敏感属性的隐性关联。此外，当算法被设计得过度追求整体准确率的时候，可能会以

㊀ 任祥伟，曹小丽．人工智能时代网络意识形态的智能景观风险样态及其应对策略［J］．实事求是，2025（1）：40-47.

牺牲少数群体的利益为代价。例如，人脸识别系统在训练时，不同肤色的数据量存在较大差异，会导致不同族裔尤其是少数族裔的误识率大幅上升。这就是算法的优化目标偏差问题。

其次，人为因素也是导致算法歧视的主要原因之一。算法相关技术人员尤其是算法开发者、数据标注员和模型训练者的主观因素或个体因素会加剧算法技术本身的放大镜效应。算法相关技术人员是有血有肉的、活生生的、现实的人，其各自的政治立场、价值观念、道德观念、文化背景等，构成了他们迥异不同的主观世界，而这些主观因素一旦被带入算法之中，就有可能引发偏见或歧视。例如，硅谷相关研究显示，当前AI 工程师中男性占比高达 80%，团队多样性缺失可能会导致设计盲点的出现。少数技术人员或企业则通过故意设计歧视性算法获利。即便不总是有意为之，也会存在一些无心之失的情况，如人工标注数据时，标注者的潜在偏见会被植入数据集，例如将厨房场景图片默认标注为“女性活动的空间”。

再次，算法与现实世界之间的互动反馈，如算法外部因素对算法施加的不当影响（如过度追求利益最大化）、程序标准与相关规范不健全不明晰，都有可能导致算法歧视的发生。当人们过度依赖和信任算法决策时，便容易出现“算法崇拜”现象。而自动化偏见正是算法崇拜的典型表现，即人类在决策中过度依赖自动化系统，即便系统存在明显错误或与客观事实的矛盾，仍倾向于接受算法判断或决策而放弃独立判断。实际上，这种算法偏见折射出数智时代的认知偏差，当算法深度渗入个人生活层面时，我们容易很轻易地放弃自主思考的能力。韩炳哲曾指出，互联网、大数据、算法、人工智能已经使得数字化的信息交流成为人们主要的交流方式，人们如今越来越相信数字和信息，而越来越缺乏叙事能力和想象力。[㊀]而且，算法一旦出现偏见，就有可

㊀ HAN B-C. 叙事的危机［M］. 李明瑶，译. 北京：中信出版集团，2024：3.

能加剧数据污染循环，使得算法利用包含偏见的历史数据进行训练，其输出的歧视性结果反过来会误导现实世界的数据搜集，从而形成算法歧视或偏见的恶性循环。一旦算法被注入偏见，这一恶性循环就不会自我终止，因为算法无法自我修正，反而会进一步搜集更多证据以证明偏见的合理性与正当性，最终系统性偏见或歧视将在不同应用场景下被加速复制。

最后，虽然对算法实行全面监管不太可能，但现有监管体系依然存在一定的漏洞和短板。其一，技术本身的复杂性极大地增加了监管的难度。例如，欧盟有关自动驾驶中如何界定“合理风险”就存在诸多争议，且不同自动驾驶级别之间的划分标准、相应责任的认定与承担机制尚未形成共识。没有任何一种技术是绝对安全的，自动驾驶也同样存在风险，但如何将风险降低到最小限度，以及在出现事故之后进行合理追责是相关立法需要考量的关键点。然而，对算法或技术的监管可能面临多方之间的利益矛盾或冲突。政府和公众期待车企能够公开自动驾驶算法逻辑，但车企可能会以商业机密或技术专利为由拒绝，导致监管难以有效实施。其二，有些情况下，部分企业通过黑箱操作和算法复杂度构建技术壁垒，进而使监管机构陷入寸步难行的境地。而维权成本高昂又使得一部分遭遇算法歧视的主体主动放弃了对自身合法权益的维护。无论是技术本身的复杂性还是部分企业明知不可为而为之，都令监管雪上加霜。

三、算法歧视风险的治理框架

针对上述性别歧视、文化歧视、大数据杀熟等算法不公行为，必须加强规范和治理，否则将严重破坏社会公正与公众信任，由此才能更好地实现生成式人工智能在促进社会公正方面的重要作用。算法歧视的实质是现实社会矛盾在技术层面的外化显现，其解决方案和应对策略需要超越单纯的技术主义路径。而仅仅依靠技术革新无法彻底消除算法歧视，因此必须建立融合多元共治、法律规约、伦理引导的系统治理体系。

其一，不断完善规范和治理算法不公风险的相关法律法规，鼓励企业实行算法披露与解释，提升算法的公正性、透明性与确定性。[㊀]截至目前，算法自动化决策在我国就业领域中的应用日益广泛。ArtSmart 公司的统计数据表明，截至 2024 年 7 月，约有 26%的小型企业在招聘中使用人工智能工具，全球约有 88%的公司使用人工智能技术进行招聘。其中财富 500 强企业中已经有 99%的公司使用人工智能辅助招聘。事实上，AI 不会直接淘汰简历，而是通过算法（可能包括实习经验、目标院校、地域要求等重要参数）对简历排序。人工智能得分越高的简历，其排名越靠前，获得 HR 关注的概率越大，而排名靠后的简历一般就会被忽略掉。[㊁]很显然，算法自动化决策很可能产生种种不公正的结果，由此必须加强对算法应用的公正性与透明性要求。

近年来，我国高度重视算法技术的规范发展，逐步构建了以法律、法规和专项政策为核心的算法治理体系。2016 年以来，我国陆续出台《中华人民共和国网络安全法》《中华人民共和国数据安全法》《中华人民共和国个人信息保护法》等法律法规，并相继发布专门针对算法治理的政策文件，如《关于加强互联网信息服务算法综合治理的指导意见》《互联网信息服务算法推荐管理规定》《生成式人工智能服务管理暂行办法》等，2024 年发布的《关于开展“清朗·网络平台算法典型问题治理”专项行动的通知》在“算法公平公正”的工作目标中提出“保护劳动者合法权益，完善平台订单分配、报酬构成及支付、工作时间、奖惩

㊀ 罗熠琛，周新衡．算法自动化决策中就业性别歧视的类型与规范路径［J］．中国人力资源开发，2025（1）：92-103.

㊁ JobUpper. 88% 公司使用 AI 招聘，你的简历符合机器筛选要求吗？［EB/OL］．（2024-09-28）［2025-03-16］．https://mp.weixin.qq.com/s?__biz=MzA3MDg2MjEzOA==&mid=2684020130&idx=2&sn=05001e0d0fadc398a0bfc207ef5ec0b7&chksm=84433fc0149bd5ba70e45ea-2cc18f394f456c2a4b41145def757f773007b9a9e65a06bdbd6de&scene=27.

等相关算法。”这一条款表明我们已经深刻认识到算法在就业领域中的歧视风险，突显了在治理生成式人工智能风险中对劳动者合法权益的保护。[一]

伴随法律与政策规制的不断加强，算法歧视等相关现象的治理效果持续提升，然而在某种程度上，“如今嵌入算法的歧视不再像以往那般显而易见，而是隐匿到数字世界的角落，悄无声息地侵蚀着社会的公平正义”[二]。在此背景下，企业自主地实施算法自动化决策的披露与解释政策就显得尤为重要。《个人信息保护法》第 13 条规定，基于人力资源管理目的个人信息收集排除在个体同意之外，但必须建立在非歧视性人力资源管理的前提下。同时，该法第 24 条明确要求自动化决策应当保证决策的透明度。根据上述规定，企业应当自主进行数据收集披露和算法应用披露，以更好地保护劳动者的知情权，从而建立劳动者对其的信任。通过算法运用的披露，能够更加直接地使劳动者了解算法应用的过程以及可能产生的多种结果，避免决策者暗箱操作。而算法解释对预防算法歧视的发生也具有十分重要的作用，因为普通劳动者对算法内部的运行机制和技术原理了解十分有限，所以需要企业以更加通俗易懂的方式对深不可测的算法进行解释说明，使得劳动者深刻认识算法自动化决策究竟在何种程度和范围内影响个体的顺利就业，发现其中潜在的算法不公的可能，并进而对算法公正的实现提出建议和对策。[三]

其二，一旦算法歧视的行为在现实中发生，需要根据实际危害程度进行相应救济，也就是对算法歧视的责任主体进行惩戒，同时对算法歧视导致利益或权利被侵害的一方进行补偿。一方面，要对算法歧视做出

[一] 罗熠琛，周新衡．算法自动化决策中就业性别歧视的类型与规范路径［J］．中国人力资源开发，2025（1）：92-103.

[二] 李成．人工智能歧视的法律治理［J］．中国法学，2021（2）：127-147.

[三] 罗熠琛，周新衡．算法自动化决策中就业性别歧视的类型与规范路径［J］．中国人力资源开发，2025（1）：92-103.

明晰界定，明确各类责任主体，同时充分考虑各种直接歧视与间接歧视行为，做出危害等级的划分，进而根据具体情况进行惩罚。例如，《深圳经济特区数字经济产业促进条例》于 2022 年 8 月 30 日通过，并于 2022 年 11 月 1 日起施行。其中第二十二条和第二十六条明确规定，“数据处理者应当依法建立和完善数据安全管理制度，履行数据安全保护义务，不得危害国家安全、公共利益，不得损害个人、组织的合法权益。数据产品和服务供需双方可以通过数据交易平台进行交易撮合、签订合同、业务结算等活动；通过其他途径签订合同的，可以在数据交易平台备案”㊀。这里明确规定了数据处理者、数据产品和服务供需双方各自的责任与义务，算法正义的实现有待各方的共同努力。另一方面，应对劳动者不受算法歧视的相关权利进行明确界定，如果合法权利受到侵害，应当确保维权机制的健全与畅通。由于算法自动化决策所造成的各种歧视越来越隐蔽，在确立举证责任分配之时，应当更加注重对弱势群体，也即劳动者的倾斜性保护。㊁2020 年，许某某与杭州某软件服务公司网络服务合同纠纷案的判决表明：不能仅凭大数据专业分析报告进行司法审查，还需要对算法逻辑演算过程进行司法审查。平台自动化决策并非纯粹的工具性角色，随着算法权力日益深入社会生活，司法机关应当对这种重要的社会权力实施有效监督，在平衡平台、用户以及公共利益关系的前提下，促使平台算法逻辑构造趋向公开、透明。㊂

其三，推动算法技术的革新，以技术进步解决算法歧视的难题，同时需要加强国际合作与国际交流，批判性地借鉴其他国家和地区的相关经验，并对其进行本土化转化和改造，以此增强算法歧视治理的针对性

㊀ 深圳市司法局．深圳经济特区数字经济产业促进条例［EB/OL］．（2024-04-26）［2025-03-17］．https://sf. sz. gov. cn/ztzl/yhyshj/yhyshjzcwj/content/post_11262778. html.

㊁ 罗熠琛，周新衡．算法自动化决策中就业性别歧视的类型与规范路径［J］．中国人力资源开发，2025（1）：92-103.

㊂ 杭州互联网法院．杭州互联网法院：数据和算法十大典型案例［EB/OL］．（2022-10-19）［2025-03-17］．http://ytzy. sdcourt. gov. cn/lylsfy/393876/tszs5176/8935261/index. html.

和有效性。虽然生成式人工智能存在算法歧视、算法偏见等诸多风险，但不能因此否定其合理性与正当性，更不应通过彻底遏制技术发展而解决相应问题，还是要为技术发展留有合理的空间，以一种理性审慎的开放包容态度，在探索技术进步的同时推进算法歧视风险的化解。例如，构造监管沙盒等实验性或试点性工具，增强算法的可控性与安全性，使得算法尽可能地可解释、可公开、可信任。加强对算法程序设计的审查，运用算法技术预先排查算法数据来源是否存在公正性问题，深化对算法程序架构与代码设计的审查，依据相关法律、政策和伦理规范对其进行过滤、聚类、分类和赋值，实现伦理准则的算法转化，加深对算法的伦理规制。国际上，世界经济合作与发展组织发布的《人工智能发展建议》，明确提出基于价值观的五项原则和可信赖人工智能的国家政策与国际合作建议。[一]而《人工智能与人权、民主和法治框架公约》明确提出要“确保对人工智能系统生命周期内活动造成的侵犯人权行为提供可获得的有效救济”等原则，值得我们高度重视，并在本土化治理中加以实践探索。[二]

第四节 就业冲击风险与治理

我们看到，生成式人工智能已经具备强大的文本生成、图像生成、视频生成、语言翻译、音频生成、文案策划等能力，而与这些能力密切相关的职业必然首先受到生成式人工智能的强烈冲击，然而由于生成式人工智能已经深刻渗透到日常生活领域，几乎所有行业和职业都会受到

[一] 黄静秋，邓伯军．人工智能算法的伦理规制研究［J］．北京科技大学学报（社会科学版），2025（2）：88-96.

[二] 罗熠琛，周新衡．算法自动化决策中就业性别歧视的类型与规范路径［J］．中国人力资源开发，2025（1）：92-103.

其不同程度的影响。那么，它究竟加剧了哪些就业风险？又应当如何进行规范和引导呢？接下来，我们将深入探讨这一主题。

一、就业冲击风险的相关案例

生成式人工智能日新月异的发展，引发很多人感叹：感觉自己的工作在某种意义和某种程度上正逐渐被其替代。那么，哪些行业又将首当其冲地受到其冲击与挑战呢？生成式人工智能对就业领域的革命性颠覆主要体现在就业岗位替代与消失、新兴职业的催生、产业结构的调整升级等。微软于 2023 年 11 月 1 日部署了 Copilot 大规模计划，这使得 GPT-4模型被集成到 Office 365 套件中，面向购买至少 300 个许可证的大企业。这意味着大型组织的专业人士最常用的工具将依赖于 GPT-4 的强大功能辅助，且无须更换应用程序。微软将 Copilot 定位为简单的“工作增强工具”，它属于一种自然的连续体，旨在提高可用工具的性能，从而提升生产力和工作效率。然而这种由生成式人工智能带来的增强可能会加速部分人类智能被替代的进程。这种替代将会引发一系列关于劳动法、工业安全、隐私和职业责任的关键问题。生成式人工智能有能力部分或完全替代以往只能由人类胜任的任务，并达到甚至超越人类水平；因此，它不同于软件或计算器等简单工具，后者需要用户在任务执行过程中进行控制和监督。当一个行动者（无论是组织还是个体）选择将任务交给“副驾驶”（生成式人工智能），即意味着信任其能力，即使这些任务可能是某些最基本的工作。然而，如果人类与“副驾驶”之间的合作可以提高生产效率和市场价值，那么这也将带来多重挑战。[1]

IBM 公司于 2023 年宣布计划在 5 年内通过生成式人工智能替代约 7800 个行政类岗位，包括数据录入、财务核算和客户支持等重复性工

---

[1] MARCHILDON A, BOINE C, LAFLAMME A S, et al. Un an après l'arrivée de ChatGPT: Réflexions de l'Obvia sur les enjeux et pistes d'action possibles face à l'IA générative [R/OL]. (2024-01-15) [2025-03-26]. https://doi.org/10.61737/ZKWZ3721.

作。[㊀]这一决策标志着生成式人工智能技术对传统白领岗位的直接冲击，而且正在改变和重塑人类的工作方式。国际投行高盛集团（Goldman Sachs）在同年 3 月底发布的一份报告中表示，生成式人工智能可能会严重扰乱全球经济，未来十年人工智能的推广会使大型经济体中相当于 3 亿全职工人受到自动化的威胁。此外，随着人工智能技术向通用人工智能迈进，其对就业的挤出效应会加剧，取代人类工作的进程可能比预期更快。麦肯锡咨询公司（McKinsey & Company）研究报告指出，在 2045 年将会有 50%的职业被取代，相较麦肯锡前期研究，该估算提前了大约十年。[㊁]由此，有学者指出，此次生成式人工智能对就业的冲击不同于历史上反复循环出现的“技术性失业”，而可能成为几乎所有职业的终结者。马斯克、萨默斯等都认为人工智能对就业岗位的替代将是全面的，一旦通用人工智能实现，无论简单的或复杂的、体力的或智力的，都可能受到影响。[㊂]然而，所有行业不太可能会在一时之间完全被生成式人工智能替代，而是有先后之分，有程度之别。

实际上，从另一个侧面观之，在生成式人工智能冲击就业市场的同时，也带来诸多职业新生的可能。麻省理工学院 David Autor 等人发现，尽管从 1980 年至今，随着人工智能技术的广泛应用，大量的重复性、常规性工作为机器人所替代，有不少制造业职位消失，但是从美国 1940—2018 年的就业数据来看，目前有 60%工人从事的工种在 1940 年尚未出现，这类工作都是随着科技创新而面世的，贡献了过去近 80 年 85%的就业增长。[㊃]

㊀ 芯智讯 . IBM 宣布将采用 AI 替代 7800 个工作岗位！［EB/OL］.（2023-05-04）［2025-04-25］. https://baijiahao. baidu. com/s?id = 1764969409842392555&wfr = spider&for = pc.

㊁ 陈凤仙，刁乃琦，王娜 . 人工智能对就业的多重影响及应对建议［J］. 科技中国，2024（12）：84-89.

㊂ 蔡昉 . 应对 AI 就业冲击需要澄清一些认识［N］. 北京日报，2024-07-08.

㊃ 易宪容，陈颖颖 . 生成式人工智能对劳动力市场的颠覆性影响及其应对［J］. 江海学刊，2024（6）：91-99.

此外，生成式人工智能在不同场景下的技术应用，推进了新模式、新产业和新业态的孵化与成长，在提升工作效率的同时还推动了相关产业的创新升级。生成式人工智能的广泛应用促进就业结构发生显著变化和重大调整。就第一产业而言，生成式人工智能推动其朝着智能化、自动化、数字化方向发展，在精准农业和智能决策方面，生成式人工智能通过分析土壤状况、养分含量、气候条件、作物生长状况等多维数据，可以预测作物产量、病虫害风险和适宜种植的时间。这些数据和预测将有助于农民做出更加精准而科学的农事活动安排。同时，生成式人工智能凭借其强大的数据分析与处理、自主学习和生成能力，还能深刻赋能第二产业的结构转型与质量升级。而就第三产业来说，生成式人工智能通过其内容生成、创造设计、情感陪伴等功能，大幅提升了第三产业的工作效率和个性化、精准化水平。[㊀]这些产业结构的深刻变动与巨大调整也会直接或间接影响人们的就业选择与就业前景。

二、就业冲击风险的成因分析

生成式人工智能给就业领域带来冲击和风险的原因是复杂多元的，并非由某些单一因素所促成，这些因素彼此之间相互作用，共同导致了这一现象的普遍化。可以从以下几个方面窥见一斑：

首先，生成式人工智能通过数据、算法和概率统计等逻辑架构，对知识密集型行业造成“降维打击”。这主要源于多数大模型能够轻松完成文本生成、视频生成、图像生成、数据分析、代码编写等传统意义上需要具备一定知识和技能门槛的专业人士才能胜任的工作，由此导致相关行业从业人员的经验、知识、技能累积被大打折扣。例如，生成式人工智能已经对翻译领域的相关工作构成极大挑战。英国作家协会（SOA）

㊀ 蒋完胜，朱晓兰．生成式人工智能对我国经济的影响及其应对［J］．宝鸡文理学院学报（社会科学版），2025（1）：67-73.

在 2024 年 1 月份开展了针对译者的调查，受访人包括 787 名 SOA 的成员，从事的工作涵盖了虚构作家、非虚构作家、编剧、诗人、记者、翻译家等。受访的翻译人员中有超过三分之一的人因为生成式人工智能的发展失去了工作，另有超过 14%的人表示他们的翻译收入因为人工智能的发展减少了。谈及未来的预期，超过 3/4 的受访者认为新技术将对他们的收入产生负面影响。[㊀]生成式人工智能技术虽然提升了某些行业的工作效率，但通过对劳动过程的拆解与细化，也加剧了重构产业组织形态的可能。生成式人工智能在不同产业中引发的替代效应具有不均衡性，对服务业的冲击强度显著高于第一、第二产业。

其次，生成式人工智能的技术迭代周期不断缩短，远远快于就业教育体系的更新与发展速度，对劳动者综合素质的门槛要求不断提高。对于普通员工而言，职业技能的半衰期不断缩短，由此造成人力资本沉没效应日趋明显。单纯依赖传统意义上的学校教育，已经很难使劳动者个体顺利适应生成式人工智能时代的动态能力与终身学习需求。当前，技术的突飞猛进正迫使人类不断提升学习能力与智能水平，否则就无法很好地驾驭和使用生成式人工智能这个重要的智能助手。

再次，技术变革速度与社会治理的完善具有差异性，制度规制往往滞后。现有的人才培养与就业培训课程内容更新周期较长，无法与技术更新迭代的周期保持同步。劳动者技能的积累和培养是一个慢变量，总体上跟不上生成式人工智能等新兴技术的加速演进。在新旧动能转换期出现的一些新情况和新问题，使得生成式人工智能对就业领域的冲击日益突显，结构性就业矛盾呈现出一些新特点。在新兴产业快速发展、传统产业持续升级背景下，人才供需结构分化，岗位替代效应持续扩大。[㊁]新兴的就业模式与就业形态对传统的劳动关系框架形成冲击，使得劳动

㊀ 刘亚光．生成式人工智能已对翻译工作构成重大威胁？［N］．新京报，2024-04-17.

㊁ 刘渼煜，熊轩昂，吴剑锋，等．瞭望丨就业矛盾向“新”破解［EB/OL］．（2025-03-18）［2025-03-21］．https://baijiahao.baidu.com/s?id=1826906466703866197&wfr=spider&for=pc.

者的权益保障面临更多的不确定性。当生成式人工智能参与工作的过程中，一旦引发工作失误，相关责任划分标准与依据尚未明确，运用法律捍卫自身合法权益的成本和代价较为高昂。此外，不同政策目标之间的协调性不足，进一步加剧了生成式人工智能引发的就业风险治理的复杂性。

最后，生成式人工智能引发的社会认知差异与滞后现象，通过多重机制进一步影响着就业市场的平稳与稳定。这一点突出地体现在劳动者对生成式人工智能技术影响的认知与判断存在显著差异之上。相关调查显示，52%的从业者认为生成式人工智能技术对其岗位的影响程度低于实际测算值，而这种对风险认知的乐观倾向导致岗位技能转型决策大幅推迟。有部分劳动者对自身能力评估存在不准确的现象，还有就是不愿意主动尝试新工作与新岗位，因为他们有着丰富工作经验形成的路径依赖，往往不愿意做出转型与更换。另外，生成式人工智能的普及与应用也在不断改变传统的职业价值认同体系。技术日益变强的同时，从业者的职业成就感和价值认同却在不断下降。而且不同年龄阶段的劳动者对生成式人工智能技术的认同和接受度存在差异，年轻人更加易于接受人机协作模式，而部分年龄较长的人并不乐于接受新生事物，也很难做出适当调整。

三、就业冲击风险的应对措施

针对上述生成式人工智能带来的就业风险，我们需要加强研判，积极应对，以期实现生成式人工智能与就业领域的协同发展，提升生成式人工智能助力劳动者实现高质量就业的可能。

其一，政府和企业应当打破传统职业技能培训的相对静态模式，结合生成式人工智能发展态势，积极推动智能化教育和培训，使劳动者掌握生成式人工智能的前沿技术，构建动态化的能力适配体系，提升其获取或切换合适工作岗位的机会与能力。政府需要不断推进生成式人工智能相关基础设施建设，在提升全民数智素养方面做出科学规划，使生成式人工智能融入不同学段的教育内容体系，加速推进生成式人工智能的普及与应用。例如，可以在高等教育中增加高阶思维培养以及生成式人工智能应用等相关课程，提升学生对未来技术冲击的模式识别与策略应对能力，同时培养学生的跨学科思考与研究能力，打破固有学科壁垒以更好地适应新兴职业的多领域能力需求。同时，要重视对数智技术相关高端人才的培养力度，随着生成式人工智能催生越来越多的相关产业需求，必须不断加强高等教育人工智能相关方向的学科建设，构建较为完善的人才储备体系，推进产学研深度融合，推动实用型、复合型高端人才的联合培养。[㊀]此外，还要加速推进生成式人工智能大模型的开发、部署和全民应用，整合各方力量构建多层次全方位的全民共享数据库体系，提升全民的数智素养和职业能力，以增强其在不同职业之间的跨界能力。

其二，政府、社会组织、行业组织和企业可以尝试共同对人工智能的行业渗透率进行追踪，综合企业生成式人工智能采纳率、岗位替代弹性等关键参数的实时动态变化，监测生成式人工智能为不同行业带来的就业风险等级。在此基础上，模拟其对不同行业的就业冲击模型，设置应对不同层级就业风险的工具箱或者解决方案，帮助劳动者更好地实现不同职业之间的顺畅切换，以及提升其胜任新职业、新模式、新业态的能力。与此同时，人们需要将对生成式人工智能取代工作岗位的关注转移至如何更充分地发挥其创造新兴就业岗位以及与人类的协同合作之上。因为人类智能与人工智能并非截然对立，而是具有深刻的互补性，人类智能在创造性思维与能力、情感与同理心、直觉和洞察力、适应性和灵活性、道德判断与伦理决策、艺术审美等方面具有显著独特优势，而生成式人工智能则在数据处理、模式识别、复杂计算和持续性工作方面具有明显优越性。因此，人类智能应当与生成式人工智能协同合作，而终

㊀ 胡晶晶，程承坪. 新一代人工智能对就业的影响及应对策略［J］. 人文杂志，2025（1）：40-52.

身学习与跨界能力的培养对每个劳动者而言至关重要，唯有如此才能提升劳动者的岗位胜任能力。[一]

其三，完善社会保障与就业支持体系，通过提供失业补贴、救济金、再就业培训、创业补贴、租金减免等优惠政策为劳动者提供兜底保障。畅通就业转型体系，大力发展生成式人工智能相关产业，结合生成式人工智能的研发、部署和应用创造新生的就业机会，助力劳动者顺利实现跨区域跨产业流动，为劳动者打造较为宽松的就业环境，并提供良好的就业服务。[二]鼓励企业采取开放创新与数据共享模式，加强企业与高校、科研机构之间的通力合作，既注重保护劳动者的个人隐私与合法权益，同时又促进科技的可持续发展与实现社会效益最大化，更好地推进社会资源的优化分配与整合协同，为劳动者提供更加多元化的发展机会与就业选择。[三]

其四，目前对于生成式人工智能未来可能取代或者优先取代哪些职业的猜想，在很大程度上还属于尚未转化为现实的假设，其中必然蕴含着一定的科学性和合理性成分，但是任何机构或个人实际上很难准确预测出100%正确的结果，甚至其中不免包含着一些过度担忧的成分。毕竟，生成式人工智能越来越多地接近人类智能，但还尚未与人类智能比肩，更没有远远超越人类智能。也许，在未来的很多岗位中，不是完全不需要人，而是需要人与生成式人工智能共同协作，它更多的是帮助人们完成工作中的某些环节或者某些部分，而绝对不是全部工作。或许，我们从另外一个视角来看，生成式人工智能的广泛普及与应用在提升工作效率、替代一部分人力的同时，也为劳动者创造了更多的闲暇时间，有助于劳动者更好地实现自由而全面的发展。劳动者需要处理和解决问

㊀ 胡晶晶，程承坪．新一代人工智能对就业的影响及应对策略［J］．人文杂志，2025（1）：40-52.

㊁ 陈凤仙，刁乃琦，王娜．人工智能对就业的多重影响及应对建议［J］．科技中国，2024（12）：84-89.

㊂ 黄旭，刘红英，闫雪凌．生成式人工智能的就业效应与应对策略［J］．当代经济管理，2025（1）：1-18.

题的复杂程度会比以往和目前高出很多，但在工作之余，也将有更充裕的时间和更自由的场域来发展自己的兴趣爱好和追求个性。这不仅需要企业和政府的政策支持，也需要劳动者转变自身的认知观念，缓解技术性失业引发的过度的存在论焦虑。

第六章

生成式人工智能技术风险治理

鉴于上述生成式人工智能的种种技术风险，对其进行治理不仅是技术本身的内在要求，也是维护社会公平正义和增进人类福祉的必然要求。伴随生成式人工智能性能的快速提升，我们也越来越感觉时常处于“魔法师学徒”的困境之中：“我们召唤出一种力量，给它一组指令，希望它自主但又完全顺从，然后一旦我们意识到指令不准确或不完整，又手忙脚乱地阻止，以免用我们的智慧召唤出某种可怕的东西。”[㊀]因此，为了防止这种灾难性背离的出现，唯有通过合理适宜的方式治理诸种风险，才能确保生成式人工智能的健康可持续发展。本章将探讨生成式人工智能的技术风险治理方案，以期为相关研究和实践提供参考。

第一节　生成式人工智能技术风险治理的理念与原则

由于生成式人工智能技术内部和外部都面临前所未有的不确定性因

㊀ CHRISTIAN B. 人机对齐：如何让人工智能学习人类价值观［M］. 唐璐，译 . 长沙：湖南科学技术出版社，2023：10.

素，其风险在伴随技术飞跃式发展的同时也在与日俱增。以生成式人工智能为引擎的新一代人工智能技术已经展现出明显的“数字利维坦”效应，如果对其听之任之或者漠视放任，势必造成意想不到且无法承受的后果。因为它不同于以往的传统技术，具有鲜明的生成性、涌现性、拟主体性、交互型和不确定性等特征，其风险也呈现出复杂性、流动性和未知性等特点。由此，人类无法精准预测生成式人工智能在未来的发展程度，基于风险而盲目地限制技术发展并不可取，而且很容易进一步加剧技术发展的“科林格里奇困境”，因此迫切需要在明确风险治理的科学理念和原则的基础上加强适应性和系统性治理。

一、增进人民福祉与尊重生命权利的目标导向

2025 年春节期间，国产推理大模型 DeepSeek 爆火，在人工智能领域一石激起千层浪，引发世界广泛关注与热议。行业内专家指出，DeepSeek 的 V3 模型采用了混合专家（Mixture of Experts，MoE）系统，即共享专家和大量细粒度路由专家架构。通过将 600 亿参数解耦为多个高度专业化的“专家模块”，将通用知识压缩到共享专家之中，并在推理过程中动态激活特定子集，减轻路由专家的参数冗余，显著优化了计算资源的利用率，从而实现了算力消耗的显著降低。在保持参数总量不变的前提下，通过划分更多的细粒度路由专家并进行灵活组合，能够更准确、有针对性地进行知识表达。其中，负载均衡的算法设计有效缓解了传统 MoE 模型因负载不均衡带来的训练效率低下问题。在软件方面，DeepSeek 采用了大量精细化的系统工程优化策略。[㊀]而改进之后的多头潜在注意力机制（MLA），减少了键值缓存开销，将显存占用降至其他大模型的 5%～13%，极大提升了模型运行效率。[㊁]R1 模型则基于强化学习

㊀ 陆航．DeepSeek 书写智能时代的中国方案［N］．2025-02-13.

㊁ 李国杰．DeepSeek 引发的 AI 发展路径思考［J］．科技导报，2025（3）：14-19.

技术，通过知识蒸馏（Knowledge Distillation）方法，将大规模预训练模型的知识高效迁移至轻量化模型中，在确保模型性能的同时显著降低了计算成本与部署复杂度。[一]可以说，DeepSeek 的问世是算法、软件与硬件协同创新的结果，也是打破传统大模型高度依赖算力范式的关键。算法、硬件和软件的综合创新与优化，极大降低了 DeepSeek 模型的训练成本。[二]更令人关注的是，DeepSeek 突破了英伟达 CUDA 生态的依赖，团队自研算法绕开传统 GPU 调度逻辑，甚至能在 AMD 等非主流芯片上高效运行，好比“用自行车链条驱动汽车，却跑出了赛车的速度”。由此，有学者也将这种“算力不够，算法来补”的思路形容为我国人工智能的换道超车。[三]通过技术架构的创新和算法优化，DeepSeek 采用纯深度学习方法使人工智能自发涌现出推理能力，在数学、代码和自然语言处理等任务上，性能对标 OpenAI 的 o1 正式版，但却显著降低了大模型预训练的开发与部署成本，速度快且全部开源，有效缩小了生成式人工智能研发与应用的技术壁垒，突破了“大力出奇迹”的“规模法则”[四]。DeepSeek 的训练成本仅为 560 万美元，远远低于美国大模型数亿甚至数十亿、数百亿美元的成本投入。在 DeepSeek 横空出世不到一个月的时间里，其凭借卓越的技术性能与低成本优势，已经在医疗健康、金融服务、智能制造等多个垂直领域引发深远的产业变革，诸多行业企业纷纷接入 DeepSeek。其技术应用不仅能够助力企业实现运营成本的优化和生产效率的提升，而且在公共卫生领域也展现出巨大的应用潜力，由此为人民群众的生命健康保驾护航。

㊀ 马丹，张炯强，马亚宁．DeepSeek 平民化“破圈”之后［N］．新民晚报，2025-02-13.

㊁ 陆航．DeepSeek 书写智能时代的中国方案［N］．2025-02-13.

㊂ 马丹，张炯强，马亚宁．DeepSeek 平民化“破圈”之后［N］．新民晚报，2025-02-13.

㊃ 2020 年 1 月，OpenAI 发表论文《神经语言模型的规模法则》（*Scaling laws for neural language models*），提出规模法则：“通过增加模型规模、数据量和计算资源，可以显著提升模型性能。”在 AI 领域，规模法则被一些人认为是“公理”，俗称“大力出奇迹”，OpenAI 等龙头企业和美国的 AI 投资界把它当成制胜法宝。（转引自李国杰．DeepSeek 引发的 AI 发展路径思考［J］．科技导报，2025（3）：14-19.）

DeepSeek 不仅能够帮助患者看病问诊，而且还受到诸多医药公司的青睐，这些公司纷纷推动其在药物研发和临床诊断等领域中的落地实践。它不仅汇聚了海量病例与医学研究成果，更利用大数据和先进算法，对复杂医学信息进行精密解析，从而捕捉并分析各种病症的表征与规律，使得诊断结果既迅速又准确。这种高效、准确的诊断方式，为患者争取了更多的治疗时间，极大地提升了医疗服务的效率与质量。在医疗影像识别领域，DeepSeek 更是取得了显著成效，它能够自动提取影像中的关键特征，实现对病灶的精准定位与识别。因此，无论是肿瘤检测、分类，还是血管病变识别，DeepSeek 都展现出强大的本领。基于对大量医疗影像数据的训练与学习，它能够准确识别病灶的位置、大小、形态等关键信息，为医生提供及时的预警与诊断建议。不久之后，它将成为医生的得力助手，不仅可以快速处理大量数据，减轻医生的工作负担，而且还可以提升诊断的效率和效果。[㊀]由此，恒瑞医药、智云健康、医渡科技、药易购、鹰瞳科技等相关企业纷纷宣布接入 DeepSeek。[㊁]以 DeepSeek 为代表的生成式人工智能在未来必将通过对各行各业的深度赋能，更好地提升和改善人民福祉。

如今，DeepSeek 正在通过多种渠道赋能教育领域，在个性化学习支持、教育资源优化配置、教师专业发展、教育大数据分析、虚拟仿真实验以及终身学习体系建设等方面展现出显著的应用价值，为打破知识壁垒、促进教育公平提供了新的技术路径。在云南山村的小学课堂上，12 岁的学生用 AI 翻译工具读懂了《自然》杂志的论文；在上海的弄堂里，退休老人借助语音助手仅用 3 个月就学会了 Python 编程；在甘肃的蔬菜

㊀ 潮新闻 . DeepSeek 仅用 56 秒准确看病，但仍应理性看待 AI 和医生的区别［EB/OL］.（2025-02-15）［2025-03-11］. https://www.jfdaily.com/staticsg/res/html/web/newsDetail.html?id=860549.

㊁ 王力 . DeepSeek 爆火，医药行业的 AI 革命与“降本增效”新叙事［EB/OL］.（2025-02-12）［2025-03-11］. https://baijiahao.baidu.com/s?id=1823853759823288799&wfr=spider&for=pc.

大棚中，农民通过手机上的种植 AI 将产量提升了 40%……[㊀]这些案例表明，以往难以想象的场景正逐步转化为现实，充分体现出生成式人工智能技术在消除知识鸿沟、赋能终身学习、促进教育公平等方面的巨大潜力，为人们生活世界的数字化转型与思维方式、生活方式和生产方式的变革注入了无限可能。

截至目前，生成式人工智能技术的市场应用主要集中于教育、医疗、金融等知识密集型行业，而部分传统产业尚未实现数字化转型与智能化升级，数智技术融合度较低，创新动力与发展空间有待提升和扩展。而且，生成式人工智能的研发与应用呈现出明显的地域性差异。经济较为发达的地区凭借较高的数字化综合发展水平，已初步构建起数字技术与实体经济协同互动、相互促进的良性发展格局；相比之下，部分经济欠发达地区受制于数字基础设施建设滞后、数据资源开放共享机制不完善等因素，在技术研发、部署与应用方面依然存在诸多实践障碍，由此，不同地域之间数字化智能化发展不均衡的问题已成为迫在眉睫的重要课题。[㊁]

实际上，生成式人工智能的研发和应用不仅在行业和地域等方面存在着不平衡、不均衡的现象，人类个体在知识、能力和价值观等方面也存在着显著差异。这些差异的影响因素并不能全部归因于原生家庭、成长环境、个人禀赋、努力程度等，而在很大程度上是由复杂的结构性因素共同形塑的，具体表现为认知能力差异、信息资源不对称、竞争优势分化以及执行效能差距等。那么，如何缩小这些差距呢？生成式人工智能的强势崛起为不同个体之间打破知识壁垒、实现技术平权提供了新的可能性。其影响已经不仅仅局限于技术层面，而是越来越多地渗透到人

㊀ 墨香学术．DeepSeek 必将改变中国，可是教育准备好了吗？［EB/OL］．（2025-02-18）［2025-03-11］．https://mp.weixin.qq.com/s/NGJRCSQyi7jTb6y_VLbDAw.

㊁ 张娟．新一代生成式人工智能助力国家创新体系深度优化的价值辩证与制度建构［J］．科技进步与对策，2024（13）：23-32.

类社会发展的各个领域。从根本上而言，生成式人工智能的研发、部署和应用的终极目标是通过技术创新推动社会福祉的改善，促进人类生活质量的提升与美好生活的实现。这一进程不仅意味着个体主观幸福感和生活满意度的提升，更以保障人类的生命健康权、安全权等基本权利作为不可逾越的伦理底线。由此，生成式人工智能的研发与应用应当始终坚持以人为本、向上向善的价值导向，在追求技术更新迭代的过程中，努力确保其与人类的基本权利、利益与价值的有机统一。

二、公平公正与公开透明的价值追求

通过技术发展促进公平公正是技术进步的价值目标，而公开透明则是破解算法黑箱等技术难题的关键所在。DeepSeek 犹如生成式人工智能领域的一匹黑马，在打破技术垄断、降低行业门槛以及促进技术创新等方面彰显出公平公正与公开透明的价值追求。首先，DeepSeek 通过全栈开源策略（公开模型权重参数、训练日志和核心算法细节等），颠覆了 OpenAI 等闭源企业巨头割据的局面和技术黑箱的垄断。其 R1 模型使全球开发者能够自由访问、修改并二次开发，构建了全民参与的技术生态。2025 年 2 月 25 日，DeepSeek 开源全球首个面向 MoE 模型的全栈通信库 DeepEP，通过优化 GPU 间信息传输的效率，极大地缓解了人工智能行业的算力焦虑。[㊀]这一创新打破了硅谷原有的“闭源即领先”的行业共识和“堆算力、拼资本”的大模型发展路径，在一定意义上重构了生成式人工智能的发展模式与布局版图。DeepSeek App 上线仅一个月，下载量就突破 1 亿人次，周活跃用户近 9700 万，颠覆了传统“烧钱换市场”的商业模式。[㊁]同时，不同于部分人工智能企业严重依赖美国技术路径进行研

㊀ 梁思琦 . DeepSeek 扔的第二枚开源王炸到底是什么？［EB/OL］.（2025-02-25）［2025-03-12］. https://baijiahao. baidu. com/s?id=1825026931694522000.

㊁ 每日经济新闻 . DeepSeek App 上线一月下载量破亿 烧钱换市场策略失效？［EB/OL］.（2025-02-24）［2025-03-12］. https://baijiahao. baidu. com/s?id=1824950705072873135&wfr=spider&for=pc.

发，DeepSeek 团队基于我国本土研发能力，在诸多核心技术架构方面实现了突破。DeepSeek-R1 基于 DeepSeek-V3 的基座模型，创造性地通过强化学习技术，得出一个纯粹通过强化学习增强的强推理模型，即 DeepSeek-R1-Zero。而且，其强化学习技术不仅局限于数学、算法代码等容易提供奖励信号的领域，还能创造性地通过深度推理 SFT 数据与通用 SFT 数据的混合微调，实现推理能力的跨领域泛化。在此期间多家大模型的能力密度肉眼可见地迅速增长，大约每 100 天增长一倍，也就是实现同等能力的模型参数每 3.3 月下降一半。[一] DeepSeek 以低价、高效、优质、开放等特征，打破了“技术突破必依赖巨额资本”的既定逻辑。这一成就直接动摇了美国在人工智能领域中的绝对话语权，加速了生成式人工智能的普及应用和技术进步。正如美国斯坦福大学拉斯·奥尔特曼等多位学者指出，美国长期以来依赖封闭技术和出口控制的战略正在面临前所未有的挑战。DeepSeek 的成功不仅展示了我国在技术创新方面的实力，也揭示了美国科技界的脆弱性和焦虑感。[二]

近日，英国《卫报》评论指出，DeepSeek 的开放精神开启了“人工智能的斯普特尼克时刻”。作为一款免费使用的开源模型，DeepSeek-R1 正在重塑人工智能领域的竞争规则。低成本与开放性的强强联合可能有助于普及人工智能技术，让其他国家（尤其是美国以外）的开发者能够入局。[三] 显然，DeepSeek 的开源实践有效降低了不同国家和地区参与生成式人工智能技术创新的准入门槛，尤其是发展中国家。由此，生成式人工智能将朝着更加公平公开的方向发展，不断消弭日益扩大的数字鸿沟，

[一] AI 之禅 . DeepSeek 的核心创新点 [EB/OL]. (2025-02-08) [2025-03-12]. https://mp.weixin.qq.com/s/e0Xgm3mgYVKTu13QRdQ4Dg.

[二] 新浪财经 . 美国斯坦福教授承认：DeepSeek 的成功暴露了美国科技界的脆弱性 [EB/OL]. (2025-02-14) [2025-03-12]. https://baijiahao.baidu.com/s?id=1824027927736516119&wfr=spider&for=pc.

[三] 孙轲 . 欧洲媒体：DeepSeek 为欧洲研发先进 AI 提供新思路 [EB/OL]. (2025-02-07) [2025-03-12]. http://news.china.com.cn/2025-02/07/content_117699344.shtml.

搭建技术普惠共享的阶梯。

其次，DeepSeek 掀起了人工智能大模型新一轮的降价潮，加速了人工智能普惠时代的降临。此前，人工智能大模型领域已经历了多次降价潮，例如 2024 年 5 月，DeepSeek 旗下的 DeepSeek-V2 模型将大模型的价格降至 GPT-4 的 1%后，阿里、腾讯、字节跳动等多家企业迅速跟进，人工智能大模型“按厘计价”时代正式开启，掀起又一波模型“降价潮”。2024 年 8 月，DeepSeek 再次下调 API 输入费用至 0.1 元/百万 tokens，输出费用为 2 元/百万 tokens，引发行业震动，较行业平均水平缩减 85%。㊀此外，DeepSeek 的稀疏激活策略也是具有革命性意义的创新，其基于混合专家架构，由多个“专家”模块组合而成，每个专家模块擅长处理不同类型的任务或数据。这种技术架构能够依据实时工作负载动态调配计算资源，常规任务仅需启动 5.2%的模型参数即可完成。这种“按需供给”的灵活设计理念使推理成本较传统架构模式锐减 96.7%。实际上，技术成本的大幅下降归根结底始于基础架构和核心技术的突破式创新。DeepSeek 研发团队在数据处理层面对传统范式进行改造和重构，其开发的语义特征识别系统能够精准捕捉高频重复请求，通过智能缓存机制将这类请求的处理能耗降低近四分之三。这一系列技术创新不仅彰显了算法优化的经济价值，更揭示了破解算力依赖困境的可能。由此，DeepSeek 的价格策略迅速产生涟漪效应，阿里云选择阶梯式降价，腾讯云转向免费试用模式，文心一言也从 2025 年 4 月 1 日起实行全面免费。价格战加剧的背后，折射出生成式人工智能企业正在经历由资本主导转向技术驱动的深层变革。降低成本是技术普及和应用的必然要求，汽车、计算机的普及应用都是成本不断下降的结果，生成式人工智能也不例外。

㊀ 吴清 . DeepSeek 掀 AI 大模型新一轮降价潮 AI 普惠时代加速到来 [N]. 中国经营报，2025-02-27.

在非洲的肯尼亚，一群大学生用 DeepSeek 模型开发了疟疾诊断工具。他们租用普通游戏显卡就能运行系统，成本仅为欧美同类项目的 1/20。毫无疑问，DeepSeek 加速了技术平权时代的到来和技术创新的平民化趋势。印度农民用 AI 预测作物价格，东南亚小工厂用智能质检替代昂贵的进口设备。技术遏制无法阻挡智慧的流动。在深圳某设计院，工程师小王用 DeepSeek 模型完成了一个地铁站设计：AI 自动检查图纸合规性，将原本 3 天的工作压缩到 2 小时。更惊人的是，这套系统部署在普通服务器上，每年电费比过去节省 70%。[㊀]当前，诸多大模型面临的共性问题之一是算法黑箱，而 DeepSeek 另辟蹊径，尤其是在数学、代码及其他问题的处理过程中，会将推理过程分步骤展示出来。用户在提出问题或发布指令后，可以看到其“思考”过程，了解如何进行分步推理并得出最终答案。这种公开化、透明化的推理过程不仅有助于开发者更轻松地进行调试，提升调试效率，也极大地增强了用户的好感和信任度，一定程度上减少了后期的维护成本。[㊁]由此观之，包括生成式人工智能在内的新兴技术产品和技术服务已经不再沦为少数人或部分人的“专享工具”，而是越来越多地成为普惠共享的公共产品。

最后，由于快速的技术更新迭代和断崖式的技术成本下降，生成式人工智能正在重塑技术渗透和技术扩散的轨迹，从而引发更大规模的持续性技术创新。开源框架带来的低成本效应，使得中小开发者能够以更低的预算成本实现模型训练。而伴随技术创新成本的不断下降，技术渗透和扩散开始不断突破核心应用场景，向更广泛的社会需求延伸。然而，以 OpenAI 为代表的多数生成式人工智能企业却“闭关自守”，不敢将自己的数据交予他者，担心数据公开会使他者窃取技术机密。因此，一直

㊀ 刘天栋．开源：人工智能的“共享单车时刻”——以 DeepSeek 为例看技术普惠革命［EB/OL］.（2025-02-17）［2025-03-12］. https://blog. csdn. net/kaiyuanshe/article/details/145695499.

㊁ 东锋 17. DeepSeek 逆袭 OpenAI：仅用 5% 预算实现超越的背后密码［EB/OL］.（2025-02-05）［2025-03-12］. https://blog. csdn. net/qq_73376107/article/details/145441772.

以来，美国 AI 界的科技巨头不断夸大人工智能的安全风险，力图通过监管抑制开源 AI 的研发和发展。实质上，唯有开放与互动才是技术更新发展的根本之道。开源模型对于全世界人工智能技术的研发、普及与推广至关重要，发展中国家尤其迫切需要开源人工智能技术。不得不承认，我国在生成式人工智能的基础研究和核心技术上与美国仍然存在一定差距。斯坦福大学发布的《2024 年人工智能指数报告》显示，2023 年，美国有 61 个较著名的人工智能大模型，我国只有 15 个。然而令人欣慰的是，近几年我国在人工智能领域快速追赶，发展形势喜人。资本并非决定技术创新的唯一因素，唯有通过多方协同汇聚合力才能为生成式人工智能的发展构建良好的外部条件，为技术创新提供源源不断的动力支持。基于算力有限的现实，只有通过算法和软件的协同创新，才能不断优化硬件性能，开拓更多创新的可能。㊀

三、技术发展与安全治理的协同推进

包括生成式人工智能技术在内的任何科学技术都是一把双刃剑，需要统筹发展与安全，既鼓励技术创新，又规制技术风险，才能更好地确保其健康可持续的发展。如今，生成式人工智能已伴随其迅猛发展深刻渗透到社会生活的各个领域，在学习、生活和工作各个方面带来诸多便捷与福祉。它凭借强大的算力、算法和数据，在很大程度上突破了人工智能作为静态观察者的角色，逐渐成为多个领域中具有一定自主性的行动者（Agent），颠覆了以往人工智能只能胜任某些特殊场景简单任务的局限，进而推动了更加广泛而普遍的智能化变革。然而与此同时，由其所引发的层出不穷的技术风险也亟待关注。不同学科领域的专家学者基于不同立场、视角和路径纷纷表示对其技术风险的深刻担忧。

霍金曾多次强调，人工智能可能通过自我更迭和加速进化突破人类

㊀ 李国杰 . DeepSeek 引发的 AI 发展路径思考［J］. 科技导报，2025（3）：14-19.

控制的边界。他指出，一旦人工智能系统具备自主决策能力并发展出与人类冲突的意志，其进化速度将远超受生物进化限制的人类，最终可能导致人类被取代甚至灭绝。他曾发出这样的警示“人工智能的全面崛起可能是人类文明的终结”，并形象地将其形容为潘多拉的盒子。也就是说，人工智能有可能会进一步增加人类未来生存的不确定性和风险，甚至成为一种系统性威胁。“人工智能教父”、诺贝尔奖与图灵奖获得者杰弗里·辛顿也曾多次向人们提醒“机器控制世界”的可能性。约书亚·本吉奥也曾表示，人工智能产生的灾难性风险，很可能源于“未知的未知”（Unknown Unknowns）因素。[㊀]此类预言并非危言耸听或杞人忧天，从根本上而言，这是一种生存论意义上的对人类命运的忧虑。人们现在已经置身于一个充满高速流动性和复杂变化的现实社会，而新兴技术的出现，更是加大了种种不确定性。

在技术不断进化的同时，技术本身的很多未解之谜依然困扰着人们。生成式人工智能的底层逻辑、生成机制与运作机理仍存在诸多悬而未决的问题，例如大模型幻觉的根源与控制、算法黑箱与可解释性的缺失以及逻辑断裂的成因等。当前，生成式人工智能的安全治理已成为全世界各国的普遍共识。2024 年 9 月，全国网络安全标准化技术委员会发布了《人工智能安全治理框架》1.0 版（以下简称为《框架》）。《框架》是对《全球人工智能治理倡议》的贯彻落实，为应对人工智能带来的安全挑战提供了基础性、框架性的指导，提出了构建“以人为本、智能向善”的人工智能的全面系统建设思路以及切实可行的实践指南，也为全球人工智能治理提供了参考范例。[㊁]

然而，技术风险的治理不仅需要依赖外部监管，更需要通过技术创

㊀ 谭知行，徐恪. 发展以人为本和智能向善的人工智能——《人工智能安全治理框架》治理思路解读［J］. 中国信息安全，2024（10）：23-25.

㊁ 谭知行，徐恪. 发展以人为本和智能向善的人工智能——《人工智能安全治理框架》治理思路解读［J］. 中国信息安全，2024（10）：23-25.

新强化内在自主能力。当前，生成式人工智能算法黑箱已成为制约其可信性与安全性的关键瓶颈，其内部复杂的非线性计算与高维表征空间导致决策过程不可追溯，进而衍生出更多不可控风险。因此，构建可解释性人工智能与探索人机价值对齐，成为破解技术风险的重中之重。近些年来，人工智能领域的专家学者也在不断寻求技术突破，探索科学方法。例如，归纳逻辑规划（Inductive Logic Programming，ILP）与概率逻辑规划（Probabilistic Logic Programming，PLP）的结合产生了概率归纳逻辑规划（Probabilistic Inductive Logic Programming，PILP）这一新的研究领域，也被称为统计关系学习（Statistical Relational Learning）。它可以以概率信息（例子和背景知识）为输入，以概率为输出归纳出规则。在 PILP 中可以执行两种类型的学习任务：参数学习和结构学习。参数学习是学习已有规则的概率，而结构学习是学习规则的整个结构及其概率。[㊀]因此，神经符号推理系统通过融合深度学习与符号逻辑能够在一定程度上实现可验证推理，而由剑桥大学开发的 DeepProbLog 系统，就是一个将概率逻辑编程与深度学习相结合的开源项目。这类方法通过重构模型认识架构，将可解释性内化为系统设计原则，其技术原理则源于符号主义与连接主义的融合。

而人机价值对齐的实质是生成式人工智能即使在性能方面再强大，也要保证其行动与人类价值观或社会共识保持一致，确保技术安全。价值对齐的概念最早可以上溯至控制论的相关研究。诺伯特·维纳于 1960 年提出了有关机器自动化和人类目标对齐的伦理问题。他在《自动化的道德和技术后果》中指出，人类需要确保机器执行的目标与人类的真实需求保持一致，以避免不可挽回的后果。21 世纪初，价值对齐逐渐成为人工智能伦理研究的核心议题。伊莱扎·尤多科斯基提出了“友好人工

㊀ 梁刚健．从识别到推理——规则学习（Rule Learning）综述［EB/OL］．（2022-07-04）［2025-03-12］．https://aidc.shisu.edu.cn/66/43/c13626a157251/page.htm.

智能”（Friendly AI）的设想，强调研发人工智能系统时应确保这些系统的目标与人类价值观保持一致，以避免与人类利益相悖的情况发生。随后，牛津大学人类未来研究所所长尼克·波斯特洛姆进一步探讨了价值对齐的重要性，特别是在应对超级智能可能带来的存在性风险方面。他曾警示，超级智能如果未能与人类价值观对齐，可能会对人类的生存构成重大威胁。随着生成式人工智能的兴起，价值对齐的重要性与迫切性与日俱增。在生成何种内容、如何生成内容，以及如何生成契合人类价值观的内容等问题上，学者们不断进行创新探索。当前阶段，价值对齐的研究重点从如何控制与约束人工智能的行为，转向如何在生成式人工智能研发和应用的过程中，将人类的伦理、道德、文化、价值等观念融入其中㊀，进而更好地实现人机之间的价值沟通和价值协同。显然，价值对齐不是一个纯粹的技术问题，更是一个伦理问题和社会问题，因为它关乎技术进步与人类的未来生存以及价值追求是否相互契合。诸如模型幻觉、算法黑箱、算法歧视、能力涌现导致失控、不当使用甚至滥用等技术问题的化解与应对都有赖于价值对齐技术的突破。同时，价值对齐还关乎人类的根本利益与价值观念，尽管目前的生成式人工智能还不具备自我意识，但在与人类交互的过程中，它已经开始深刻影响和重塑人类的思维方式、生活方式、生产方式与价值观念。尼克·波斯特洛姆在《超级智能》中提出这样一个经典案例，即一个能力强大的超级智能机器，被布置完成“制作尽可能多的回形针”的任务，而它为了完成这项任务最终可能摧毁整个世界，把地球上所有的人和事物都变成制作回形针的材料——因为这些事物在它看来，都是可以用来完成任务的原

㊀ 豆荚学姐．新传跨学科研究热点——价值对齐［EB/OL］.（2024-09-23）［2025-03-12］. https://mp.weixin.qq.com/s?__biz=Mzk0MjM1MDMwNg==&mid=2247662828&idx=1&sn=1599f93cd6909bd0212236f290de013d&chksm=c3fc0494253a1c727dcf594d5aa3d7a7a2f346f9746ca801a9208843620e400d1e681a4b549c&scene=27.

子。[1]这一著名的“回形针隐喻”预设了这样一个基本前提：人工智能根本没有与人类同样的关于生命的价值概念。在这种情况下，AI 的能力越强大，破坏力也就越强，产生的后果也就越严重。这并非危言耸听，此前已经发生过类似案例。BBC 中文网报道，2023 年 11 月，韩国庆尚南道一名机器人公司的检修人员，被蔬菜分拣机器人压死，原因是机器人把他当成需要处理的一盒蔬菜，将其捡起并挤压，导致其脸部和胸部受伤严重。而后他被送往医院，但因伤重而不治身亡。[2]由此观之，想要百分之百掌控人工智能已变得越来越不现实，各种不同规模和程度的失控情形随时有可能发生。

由此，价值对齐的核心目标是确保模型或系统能够捕捉到人类的规范和价值观，理解人类的意思或意图，更重要的是，以人类想要的方式行事，即使其像人一样思考，像人一样行动。这个问题如今已成为计算机科学领域最核心、最紧迫的问题之一。[3]

四、科学立法与伦理规制的双重约束

我国是世界上数据体量最大、数据类型最丰富的国家之一，为生成式人工智能的发展提供了重要的数据根基。近年来，国内各种大模型的发展可谓如火如荼。2024 年标志着大模型正式步入规模化部署与商业化变现的关键阶段，人工智能正处于由弱人工智能向强人工智能转变的过渡阶段，逐步逼近技术变革与范式跃迁的临界点。相关数据统计，截至 2024 年 4 月底，国内总共推出 305 个大模型，其中参数规模超过 10 亿的国产大模型达到 100 多个。我国大模型数量已位于世界第一梯队，产业发展

---

[1] BOSTROM N. 超级智能：路线图、危险性与应对策略［M］. 张体伟，张玉青，译 . 北京：中信出版集团，2015：153.

[2] 腾讯研究院 . 技术真的可以“价值对齐”吗？［EB/OL］.（2024-01-15）［2025-03-12］. https://zhuanlan.zhihu.com/p/677906366.

[3] CHRISTIAN B. 人机对齐：如何让人工智能学习人类价值观［M］. 唐璐，译 . 长沙：湖南科学技术出版社，2023：10.

也迎来重要窗口期。总体上，包括单段式端到端纯视觉方案在内，多模态大模型与具身智能体赋能通用人形机器人和自动驾驶等的快速发展，不仅构筑了国家重大战略发展的价值新高地，而且成为发展新质生产力与颠覆性技术创新的典型代表；不仅是助推智能经济与智能社会发展的新机遇、新引擎和新动能，也是国际竞争与合作的新阵地、新赛道和新风口。㊀

伦理是以应然性的价值追求作为核心的道德准则和行为规范，蕴含着普遍性的是非、善恶、美丑等价值判断的标准和依据。与他律性的、外在的、客观的、硬性的法律规范相比，伦理规范更多地依靠人们内在的道德信念和外在的社会舆论、风俗习惯等予以维系。而科技伦理则集中体现和反映出科学技术发展及其应用过程中涉及的道德问题、价值判断和行为规范等。生成式人工智能作为新兴技术的代表之一，也属于科技伦理规约和治理的重点领域。在科技伦理治理方面，2019 年 6 月 17 日，国家新一代人工智能治理专业委员会发布的《新一代人工智能治理原则——发展负责任的人工智能》，在突出“负责任”的主题同时，提出了“和谐友好、公平公正、包容共享、尊重隐私、安全可控、共担责任、开放协作、敏捷治理”八条治理原则㊁，为新一代人工智能治理指明了方向。2021 年 9 月 25 日，《新一代人工智能伦理规范》发布，旨在将伦理规约融入当前人工智能基础研发与应用的全过程，完善了人工智能伦理治理的核心理念与价值要求。2022 年 3 月，中共中央办公厅、国务院办公厅印发了《关于加强科技伦理治理的意见》，强调了科技伦理在开展科学研究、技术开发等科技活动中的重要性，明确提出要完善科技伦理体系，提升科技伦理治理能力，有效防控科技伦理风险，不断推动科技向善、造福人类，实现高水平科技自立自强㊂。当前生成式人工

㊀ 邓志东．让国产大模型产业更好赋能经济社会发展［J］．人民论坛，2025（2）：27-30.

㊁ 新华社．发展负责任的人工智能：我国新一代人工智能治理原则发布［EB/OL］．（2019-06-17）［2025-03-12］．https://www.gov.cn/xinwen/2019-06/17/content_5401006.htm.

㊂ 中共中央办公厅 国务院办公厅印发《关于加强科技伦理治理的意见》［EB/OL］．（2022-03-20）［2025-03-12］．https://www.gov.cn/gongbao/content/2022/content_5683838.htm.

智能虽处于发展初期但却呈现快速发展态势，其技术内在逻辑与外部环境均存在诸多不确定性因素，从技术原理、运作机制、风险表征及其成因等多方面来看，该技术的未来发展仍然具有不确定性。因此，亟须通过实行伦理先行策略，构建系统性和适应性治理框架，并保持长期而持续的关注，以引导其朝着符合人类价值观与人类福祉的方向发展。但是，单纯依赖伦理规约对生成式人工智能进行引导与治理还远远不够，因其本质上属于软性约束，缺乏贯彻应用和落地执行的可能，因此有必要加强法律、政策等硬性约束与软性治理的双重规约。

与此同时，生成式人工智能并非法外之地，其引发的技术风险一直以来备受法律界关注。现有的法律框架已为其风险治理提供了基本前提，相关立法也在随着技术研发与应用的深化而不断健全与完善。可以说，法律规范为生成式人工智能技术风险的治理提供了重要的制度保障。《中华人民共和国网络安全法》《中华人民共和国数据安全法》《中华人民共和国个人信息保护法》《中华人民共和国科学技术进步法》等法律，以及《互联网信息服务算法推荐管理规定》《互联网信息服务深度合成管理规定》《网络信息内容生态治理规定》等部门规章，已经从网络安全、数据安全、个人信息保护、算法治理和网络生态治理等维度，为生成式人工智能技术的研发与应用划定了红线，使生成式人工智能风险治理有法可依。[㊀]2023年8月15日正式施行的《生成式人工智能服务管理暂行办法》基于生成式人工智能的最新发展动态，进行了前瞻性的制度探索与创新。该办法从技术演进、服务规范及全流程监管等多维度出发，强化了对生成式人工智能已知和潜在风险的适应性治理和系统性治理，能够在短期内有效防范和积极应对各种技术风险，为生成式人工智能的健康发展提供了制度保障与监管框架。其中第十九条明确指出，有关主管

㊀ 支振锋，刘佳琨．伦理先行：生成式人工智能的治理策略［J］．云南社会科学，2024（4）：60-71.

部门依据职责对生成式人工智能服务开展监督检查，提供者应当依法予以配合，按要求对训练数据来源、规模、类型、标注规则、算法机制机理等予以说明，并提供必要的技术、数据等支持和协助。[一]然而，在应对任何技术问题的时候，法律从来都不是万灵药。事实上，对于这项正处于快速发展中，同时又极其复杂、充满不确定性的新兴技术而言，很难在短期范围内建构起健全而完善的治理框架。法律的触角不可能延伸至社会各个角落和各个层面，也不太可能深入私人领域的各个方面，因此，由生成式人工智能衍生的各种技术风险不可能完全通过法律途径解决。或许最优化的治理方案是以“软法”先行引导“硬法”完善[二]，在生成式人工智能涉及人民群众生命健康和利益福祉以及国家社会根本利益和长远利益的领域，充分发挥法律的主导性规制作用；而在法律难以覆盖或不宜直接干预的领域，则由伦理规范发挥辅助性调节功能。在上述关键领域之外，可以积极探索伦理先行、法律保障的动态治理机制。然而，传统“硬法”因其固有的稳定性与滞后性等特征，难以有效应对新兴技术发展带来的层出不穷的新问题。相较而言，“软法”虽不具备强制约束力，但其灵活性和敏捷性使其能够更好地适应技术变革的动态演化，从而在引导生成式人工智能技术合规发展方面发挥着重要作用。基于这一现实，可重点发挥“软法”的探索性作用，在实践中逐步提炼具有普适性和稳定性的规则与原则，并将其合乎时宜与因地制宜地转化为“硬法”，从而实现规制体系的动态优化与制度供给的有效匹配。这一原则不仅有助于平衡技术发展与法律规制之间的张力，也为构建适应生成式人工智能技术风险治理需求的法律框架提供了可行的制度探索模式。[三]

[一] 国家互联网信息办公室等．生成式人工智能服务管理暂行办法［M］．北京：中国法制出版社，2023：10.

[二] 宋亚辉．网络平台的动态规制理论［J］．上海政法学院学报（法治论丛），2023（2）：1-13.

[三] 童云峰．走出科林格里奇困境：生成式人工智能技术的动态规制［J］．上海交通大学学报（哲学社会科学版），2024（8）：53-67.

综上所述，在防范与治理生成式人工智能风险的探索过程中，我们应当逐步确立科学立法与伦理规约双重约束的原则。未来在引导和规范生成式人工智能技术发展的过程中，需要从数据安全、个人信息保护、知识产权保护及隐私保护等多个维度综合考量，秉持理性开放而又包容审慎的态度，通过技术、伦理、法律、社会、经济等多层面的协同治理，构建多维度的“安全阀”机制，才能实现对生成式人工智能技术风险的合理规约与有效治理。

五、系统治理与情景治理的深度融合

鉴于生成式人工智能技术风险的不确定性、复杂性和动态性等特征，我们需要推进生成式人工智能系统治理与情景治理的深度融合，构建多元治理主体的动态协同机制。截至目前，我国已经开始逐步探索基于风险的治理方案，在算法领域逐渐开启算法备案与分级监管制度。[一]然而，在实践应用层面，生成式人工智能在不同领域和不同应用情景中执行不同类型的任务时，所导致的风险种类与程度也存在显著差别。同时，生成式人工智能技术风险的分级确定主体、程序与责任并不十分明晰。试图只通过普遍性、系统性的治理体系与规则应对层出不穷的技术风险并非切实可行。在构建系统性治理体系的同时，还需要结合不同情景和环节有针对性地对不同技术风险实施灵活性、动态性的情景治理。

首先，构建多元主体协同治理网络，建立生成式人工智能技术风险全生命周期治理监管框架。在技术研发的初始阶段，相关企业主体与研发人员通过算法备案等举措对技术风险进行预判、防范与控制是必不可少的治理前提。生成式人工智能研发阶段主要应当由相关企业来实施风险自治，即从源头上尽可能减少风险发生的概率和影响，从而为后续环节的风险治理提供重要基础。研发主体在模型训练阶段的技术主导地位

[一] 蔡星月．算法规制：从规范规制到分层规制［J］．现代法学，2024（4）：175-191.

具有不可替代性。作为模型架构的设计者与训练数据的实际控制者，研发企业能够通过参数微调、数据清洗及损失函数优化等技术手段，在模型研发的源头时期大幅降低技术风险发生的可能性。这意味着研发主体需要建立并完善包括数据偏差、算法歧视等不同风险维度的评估框架，借助风险识别矩阵进行量化分析，制定覆盖基础层、架构层和输出层的阶梯式技术控制标准，并通过区块链存证技术完整记录训练日志（例如超参数设置、数据清洗规则、模型版本迭代等），建立可溯源的责任链条和“预防—识别—响应”的动态治理体系。这种治理模式不仅有助于明晰研发主体在技术风险中的责任边界，更通过技术控制和制度规制的耦合，助力实现研发主体风险承担与责任追溯的落实。然而，在涉及不同国家和地域的联合训练场景中，可能会遭遇风险管辖权矛盾或冲突以及开源模型二次开发导致的责任稀释效应。

在内容生成过程中，广大用户主体参与其中。因此需要对用户及其他相关主体的权利与义务进行适度适时配置，从而更好地规约技术风险的发生。用户主体不仅是内容生成的重要使用者和受益者，同时也应当成为监督者和反馈者。随着生成式人工智能技术日益普及应用，消费者监督权的内涵与形式得到了进一步的扩展。一方面，用户直接面对不同内容生成的最终结果，能够及时发现在模型研发和训练阶段无法预见的一系列具体而复杂的情况，应当建立研发、训练、运营或服务提供主体与用户主体之间的沟通渠道，使得不同用户针对不同场景应用中出现的各种问题能够及时反馈给其他相关主体；另一方面，还应当根据具体场景下生成的侵权内容的特征和程度，不断健全与完善生成式人工智能生成侵权内容的补救与补偿方案。2025 年 2 月 10 日，中国信息通信研究院联合快手、vivo、百度、阿里、美柚、OPPO、科大讯飞、抖音等 40 余家企业联合制定的《生成式人工智能个人信息保护技术要求》系列标准正式发布。该系列标准围绕生成式人工智能产品和服务的研发全流程，从隐私声明告知、训练数据构建、模型规制控制、二次开发管理、输出阶段管理、个人权利响应、供应链管理、服务保障能力等多维度，建立健全个人信息和用户权益保护评估体系。中国信息通信研究院依据该系列标准，正式启动了生成式人工智能产品和服务在个人信息和用户权益保护方面的首轮评估。评估对象适用于面向普通用户提供 AIGC 产品服务的提供者，评估内容具体划分为 3 个等级、32 方面能力和 114 项具体要求。[㊀]此举通过为生成式人工智能大模型建立技术安全评估机制，推动了生成式人工智能产品和服务的规范应用和创新发展，保证了个人信息和用户权益的合法保护。

其次，加强对不同场景下不同类型服务行为的规制和监管，提升生成式人工智能技术风险治理的前瞻性、科学性、有效性和针对性。从生成式人工智能技术发展和产业链角度而言，可以根据模型用途将其区分为基础模型层、专业模型层和服务应用层。三种不同用途的模型层主要为个体用户和企业用户提供内容生成服务和技术支持服务。针对这两种不同性质的服务，在风险治理过程中应当适当采取不同的策略与路径。基础模型层主要涉及预训练等模型研发工作，其为提供技术支持服务和内容生成服务提供重要的技术支撑，有利于促进技术进步。因此，在风险治理过程中应当相对开放包容而理性审慎，避免因为规制过于严苛而限制技术发展。由于其不会被用户或企业直接使用，但最终会影响用户，因此有必要对相关模型安全防御风险和生成内容信息安全或侵权风险进行合理管控。针对个体用户使用内容生成服务行为，尤其是专业模型层的内容生成服务行为，用户和平台应履行相应义务，承担风险规制的经济成本与社会成本。而且针对专业模型层和服务应用层的风险治理应当充分考虑其不同场景和功能，实行区别治理。[㊁]

㊀ 中国信通院 CAICT. 中国信通院启动生成式人工智能产品和服务个人信息和用户权益保护专项评估［EB/OL］.（2025-02-25）［2025-03-12］. https://mp.weixin.qq.com/s?__biz=MjM5MzU0NjMwNQ==&mid=2650857908&idx=2&sn=f733a9986ca348ba7d46fdc59e659ba6&chksm=bc36c98707c835be19983d6ff2130dd6f11ecea0c15d55414caacfa66668d684610d6fccfd76&scene=27.

㊁ 张旭芳. 生成式人工智能的算法安全风险及治理路径［J］. 江西社会科学，2024（8）：90-100.

最后，由于不同类型模型在不同场景中应用风险各异且程度不同，因此需要结合具体场景和风险类型实施系统治理和情景治理相结合的原则，建立一套实用落地框架，涵盖风险识别、评估与应对的全过程治理方案，提升技术风险治理效能和治理水平。当前治理体系的构建面临着多重现实矛盾与张力：技术更新迭代与制度更新周期的不同步、全球化技术应用与属地化监管之间的悖论等。因此亟须确立“系统锚定底线，情景激活弹性”的治理原则，既充分发挥传统技术风险规制理论的优势，又融入数智时代敏捷治理的适应性要求。一方面，需要将生成式人工智能的研发、训练与应用视为一个整体性过程；另一方面，也要对不同性质的主体进行类型区分和责任划定，对不同主体的多元用途和功能加以区分，采取弹性和柔性监管。例如，近年来，包括欧盟、挪威、新加坡等国家（地区）都在积极探索人工智能监管领域的“监管沙盒”制度的地方实践，力图把握人工智能产业变革先机，成为人工智能全球治理的引领者。2019 年 12 月 5 日，中国人民银行宣布在北京开展金融科技创新监管试点工作，中国版“监管沙盒”正式启动。[㊀]2023 年 5 月北京市发布《北京市促进通用人工智能创新发展的若干措施（2023—2025 年）》，提出开展监管沙盒之“包容审慎监管试点”。[㊁]第一，监管沙盒的有效性主要取决于准入规则的科学性，因此，首先需要构建多维度的行业准入体系，进行行业风险梯度划分，设计量化的准入基准，从而实现技术监管稳定性与灵活性的动态平衡。2023 年 12 月，中国信息通信研究院发布2023 年人工智能风险管理体系，该体系将人工智能带来的风险划分为两类，即技术系统自身造成的风险和应用产生的风险，并参考我国现行网

㊀ 杨丰一．海内外人工智能“监管沙盒”研究：以智能网联汽车等场景为例［EB/OL］．(2025-02-13)［2025-03-12］．https://mp.weixin.qq.com/s?__biz=Mzk0NzE4MTQwMg==&mid=2247539207&idx=1&sn=977b6b3ae32bccc2347b39ba285ba759&chksm=c378d832f40f5124276f49465bf34bd8475e610f21e00480ab8b93d647fafca2fe4628792fc9&scene=27.

㊁ 谢潇，罗世杰．论生成式人工智能的动态风险及适应性治理［J］．北京工业大学学报（社会科学版），2025（1）：44-57.

络安全等级保护要求将人工智能风险划分为5个等级。[㊀]第二，建立成熟的技术监测体系和评估框架，设立关键性能指标，构建弹性期限决策模型，进而使得沙盒适用期限与技术创新曲线相适配。第三，探索分级授权机制的制度创新，构建制度实施效能评价体系与优化路径。由此，作为一种实验性监管，监管沙盒可以通过一定时期内的不断调整和优化再进入常态化监管模式，进而推动生成式人工智能的全球性治理。

第二节 生成式人工智能技术风险治理的国外经验镜鉴

生成式人工智能引发的认知革命正在重塑人类社会的技术图景。伴随生成式人工智能在全球范围内的布局与发展，其已经深刻影响了人们的生产方式和思维方式，为人们的学习、生活和工作带来极大便利和福祉，但同时也带来了一系列已知的和潜在的技术风险。这些技术风险主要涵盖内生性风险、认知性风险和外源性风险等，在很多情况下，这些风险并不是单一的风险类型，而是两者或三者的叠加风险，具有系统性、复杂性和不确定性。其主要成因包括技术自主性的异化、人们认知与社会实践水平的局限、技术外部因素的影响等，从根本上而言，是由于工具理性或技术理性的无限扩张和无理僭越，从而遮蔽与抹杀了价值理性的正当性与合理性。实质上，生成式人工智能从来都不是价值中立的，任何一种生成式人工智能产品或服务都具有价值渗透的属性（如训练数据的文化偏向性、算法优化的价值排序和交互界面的意识形态植入等），并通过人机交互对人类价值观念产生深远影响。因此，生成式人工智能技术风险治理不是世界上某些国家或地区面临的个性问题，而是越来越成为全球各个国家和地区面临的共性难题，也逐渐成为全球治理的重要

㊀ 韦英姿．中国信通院：人工智能风险划分为5个等级［N］．新京报，2023-12-25.

赛道之一。近年来，世界各国纷纷呼吁加强对生成式人工智能的监管和治理。因此，对不同国家和地区的治理模式展开比较研究，不仅可以为本土化治理提供镜鉴和参照，更能够在比较差异的基础上揭示技术治理的共性规律，构建具有兼容性和包容性的生成式人工智能技术全球治理框架。

一、欧盟模式：严格监管，立法先行

近几年来，欧盟在生成式人工智能领域的研发与发展落后于美国。《2024 年人工智能指数报告》显示，超过 90% 的 LLM 投资发生在欧洲以外，在 101 个卓越大模型中，只有 25 个诞生于欧洲，而美国的数量是 61 个。迪尔鲁姆公司 2024 年发布的数据显示，欧洲生成式人工智能初创企业的风险投资资金仅为美国的 1/8。[一]虽然欧盟在生成式人工智能基础研究和政策制定方面展现出强大的“软实力”，但在生成式人工智能商业化应用和市场推广方面，欧盟面临着“落后于起跑线”的挑战。为了应对上述挑战，欧盟先后推出“数字欧洲”和“地平线欧洲”计划以提升其在人工智能领域的竞争实力。[二]2025 年 2 月 11 日，在法国巴黎举行的“人工智能行动峰会”上，欧盟委员会主席冯德莱恩更是宣布启动“投资 AI”倡议，拟调动 2000 亿欧元用于 AI 领域的投资。这一计划包括设立一项新的 200 亿欧元的欧洲基金，专门用于建设 AI 超级工厂，以训练高度复杂的大规模 AI 模型。[三]然而，行业内达成的基本共识是欧盟的技术监管环境过于严苛，从而导致一些大型科技公司推迟了在欧洲的创新引入，这可能会在一定程度上成为欧盟研发和应用生成式人工智能的

[一] 韩超．西媒：欧洲在生成式 AI 发展方面落后中美［EB/OL］.（2025-02-05）［2025-03-12］. https://baijiahao.baidu.com/s?id=1823211811006442072&wfr=spider&for=pc.

[二] 孙那，鲍一鸣．比较法视阈下我国生成式人工智能立法模式研究［J］. 国际经济法学刊，2024（4）：53-70.

[三] 晓镜．欧盟怒砸 2000 亿欧元　剑指 AI 后来居上［EB/OL］.（2025-02-28）［2025-03-12］. https://www.cnii.com.cn/gxxww/rmydb/202502/t20250228_639941.html.

阻碍。

在立法与政策制定方面，近几年来，欧盟不断根据人工智能技术发展的前沿动态，探索和建立相关的监管模式与监管机制，彰显出以技术风险为导向的监管治理模式。首先，欧盟较为注重相关法律和政策的制定、健全与完善，不断强化其在人工智能技术风险治理规则方面的输出和影响力，先后颁布了《通用数据保护条例》（GDPR）、《单一数字市场版权指令》《人工智能法案》等法律规范，并在多个领域引发了“布鲁塞尔效应”。[㊀]欧盟的严格监管模式奠定在个体本位的基础之上，更加注重个体权益保护，实行风险分层和垂直监管机制。此项立法沿袭“风险—义务—责任”的基本逻辑，具体结合监管对象的市场影响能力、风险层级和应用场景为其匹配相应的合规义务和法律责任。《人工智能法案》是世界范围内最早对人工智能进行综合性立法的法律规范，具有重要的示范效应，且于 2024 年 8 月 1 日正式实施。这部法案的突出特色是前瞻性治理理念以及对风险进行详尽、周全而严格的等级划分，并就风险认定与风险评估做出专门规定。[㊁]伴随生成式人工智能近两年来的涌现式发展，欧盟的相关立法必然需要充分考量人工智能大模型和生成式人工智能的具体进展。正是由于此，在 2024 年 5 月，历经多轮起草修订之后，欧盟发布《人工智能法案》最新草案以确保生成式人工智能在欧盟各成员国范围内能够安全使用。在这一法案中，欧盟提出了完整的监管框架并对生成式人工智能进行了明确定义。而且并未止步于此，欧盟在法案中声明要建立专业的监督机构，为生成式人工智能制定风险评级依据、确定行业应用标准、明确监管范围等。[㊂]

具体而言，这部法案明确地将人工智能风险区分为不可接受风险、

㊀ 孙那，鲍一鸣．比较法视阈下我国生成式人工智能立法模式研究［J］．国际经济法学刊，2024（4）：53-70.

㊁ 杨建军．可信人工智能发展与法律制度的构建［J］．东方法学，2024（4）：1-14.

㊂ 李佳轩，常帅峰，袁勤俭．中外生成式人工智能监管政策比较研究［J/OL］．（2025-01-26）［2025-03-12］．https://link.cnki.net/urlid/11.1762.G3.20250126.1030.004.

高风险、有限风险、极小风险或无风险四个等级。其中，不可接受风险是对人类基本权利和欧盟价值观造成无法承受的、不可逆的甚至是毁灭性的重大风险，即要求明确禁止被认为对人类安全、权力和利益（如算法歧视和隐私侵害）、福祉（如公众利益和社会稳定）存在明显威胁的人工智能系统，这些系统可能包括鼓励危险行为、实施社会评分等。针对高风险、有限风险和极小风险或无风险，则不同程度不同范围地持有允许态度和立场，规定了一系列相应的要求和义务。对于高风险，允许的条件是须符合法律规定的合规内容并在投入使用前进行第三方评估；对于有限风险，则允许多数合规且存在风险的情形，对特定类别的人工智能系统设定透明度义务；而对于极小风险或无风险，则允许鼓励制定促进人工智能系统自愿应用的行为准则。[㊀]由此，此项法案显示出欧盟从整体上对人工智能采取理性、审慎和严苛的立场，对其风险划分的程度也较为细致，而且除了极小风险或无风险以及有限风险之外，持有非常谨慎而保守的态度，以求最大限度地防范人工智能风险，确保其技术安全。[㊁]

在政策制定方面，欧盟侧重于以风险和问题为导向，优先围绕人工智能重点领域重点问题探索预防性立法以及政策制定与落地。例如，2023 年 12 月 13 日，欧盟发布政策简报《人工智能在科学中的应用——利用人工智能的力量加速发现和促进创新》，倡导为欧洲量身制定一项政策，促进人工智能在科学领域的应用，以加速科技突破、促进创新和推动经济增长。[㊂]由此，在法律和政策制定方面，欧盟主要以人工智能为主，而鲜有专门针对生成式人工智能的相关规定。

㊀ 和军，杨慧 . ChatGPT 类生成式人工智能监管的国际比较与借鉴［J］. 湖南科技大学学报（社会科学版），2023（6）：119-128.

㊁ 杨建军 . 可信人工智能发展与法律制度的构建［J］. 东方法学，2024（4）：1-14.

㊂ 欧盟拟制定政策促进人工智能在科学领域发挥作用［EB/OL］.（2024-02-01）［2025-03-03］. http://ecas. cas. cn/xxkw/kbcd/201115_144839/ml/xxhzlyzc/202402/t20240201_5004594. html.

其次，欧盟不仅重视运用政策法规的硬性约束来治理人工智能的技术风险，也较为关注从伦理治理尤其是科技伦理治理的维度规约其技术风险。2019 年，欧盟委员会发布了《人工智能伦理准则》，提出四项伦理准则，即尊重人的自主性、预防伤害、公平性和可解释性㊀，同时还提出“可信赖人工智能”的七项关键条件——人的能动性和监督能力、安全性、隐私数据管理、透明度、包容性、社会福祉和问责机制。这七项标准的提出是基于欧盟将“人工智能”界定为“显示智能行为的系统”，认为它可以分析环境，并行使一定的自主权来执行特定任务。㊁同年，欧盟还制定了《算法责任与透明治理框架》，而制定这些准则的初衷和目的在于确保人工智能的发展在人类可控范围之内。

最后，在监管主体方面，欧盟的监管具有多元主体共同参与全过程治理的特征。从流程上来看，其监管主体涵盖立法、执法、司法、行业协会、相关企业等不同层面。从主体身份观之，其监管主体涉及欧盟委员会、欧洲议会、欧洲理事会和企业等。㊂通过明确的监管主体、监管规则以及用户权益保护，欧盟试图在技术进步与公众信任之间谋求某种平衡。

在现实实践层面，欧盟紧密关注人工智能最新发展态势，加紧布局对通用人工智能模型及系统的监管要求。与大多数国家积极探索通用人工智能的发展有所不同，一方面，欧盟试图全力跻身进入全球人工智能竞争舞台的核心地带，通过投资加码和战略布局缩小技术差距，以重新谋取全球人工智能版图中的一席之地；另一方面，又一如既往地对人工智能尤其是通用人工智能保持谨慎且警惕态度。在法国巴黎举行的人工

㊀ 张涛．欧盟发布最新《人工智能道德准则》，能保证我们信赖 AI 吗？［EB/OL］．（2019-04-30）［2025-03-03］．https://baijiahao.baidu.com/s?id=1632221446815518067&wfr=spider&for=pc.

㊁ 方莹馨．欧盟发布人工智能伦理准则［EB/OL］．（2019-04-11）［2025-03-03］．https://baijiahao.baidu.com/s?id=1630468288967973447&wfr=spider&for=pc.

㊂ 和军，杨慧．ChatGPT 类生成式人工智能监管的国际比较与借鉴［J］．湖南科技大学学报（社会科学版），2023（6）：119-128.

智能行动峰会上，欧盟委员会主席冯德莱恩秉持谨慎立场，认为宁可放缓发展速度，也要保证人工智能稳步发展。阿克塞尔·诺伊曼指出，欧洲需要推动合乎伦理且可持续的人工智能模型，并研究它们对创新、透明度和信任的影响。[一]德国的沃尔夫冈·多伊普勒认为，欧盟对人工智能的强监管可能会放缓其发展速度，因为复杂的预防措施可能会牺牲小微企业的利益，影响市场公平竞争的环境。此外，还有其他学者也对欧盟的强监管模式提出批评，认为它可能会抑制技术发展的速度和本国相关产业的国际竞争力，削弱欧洲的竞争力和技术主权。[二]由此可见，虽然学界对欧盟的强监管政策观点不一，但于2025年2月4日，欧盟委员会继续发布关于《人工智能法案》中禁止的人工智能实践的指南，目的首先在于增强法律的明晰度，对《人工智能法案》第五条中的禁令进行详细阐释，使相关各方能够更清晰准确地理解和把握其内涵；其次是提供欧盟委员会对这些禁令的解读，以确保相关禁令的统一、有效实施，为监管机构、人工智能系统供应商和部署者提供指导。其中，涉及通用人工智能的发展措施，不仅对其模型与系统的训练数据、性能、伦理影响等方面提出了明确要求，而且还规定了相应的禁令内容、适用范围、执行机制、监管机构与处罚措施等。该法案根据违规严重程度制定了分级处罚制度，将违反第五条禁令的行为视为最严重的违规，处以高额罚款。针对不同主体，如企业、公共当局、欧盟机构等，设定了不同的罚款标准。同时强调，在同一违规行为涉及多个条款时，应遵循一事不再罚原则，并根据法案规定的标准确定处罚。[三]

由上述内容可知，欧盟在人工智能领域采取监管与竞争并重原则，

[一] 苏琬茜. 2000亿欧元“豪赌”人工智能 欧盟能否在AI竞赛中扭转局面［EB/OL］.（2025-02-14）［2025-03-03］. https://baijiahao.baidu.com/s?id=1823990822550644150&wfr=spider&for=pc.

[二] 沃尔夫冈·多伊普勒.《欧盟人工智能法案》的背景、主要内容与评价——兼论该法案对劳动法案的影响［J］. 环球法律评论，2024（3）：5-27.

[三] 欧盟发布《禁止AI实践指南》［EB/OL］.（2025-02-25）［2025-03-03］. http://chinawto.mofcom.gov.cn/article/ap/p/202502/20250203566004.shtml.

一方面不断增加对人工智能尤其是生成式人工智能研发应用和创新领域的投资，另一方面继续施行严苛监管、重点治理的方案，强调人工智能的发展要合乎法律和道德规范、满足公平性与透明性的要求，确保人工智能发展安全、可靠和合规。与此同时，欧盟设立了软件的安全性、兼容性和可操作性标准，这些标准具有很强的实践性和可执行性。例如，法国市场监管机构曾向美国谷歌公司开出约合 2.72 亿美元的天价罚单，理由是谷歌未经同意使用法国出版商和新闻机构的内容训练聊天机器人“巴德”。《人工智能法案》对高风险的生成式人工智能系统采取了产品合格的逻辑，即满足基本的合规要求才能通过符合性评估，否则无法获得 CE 标识，进而无法投放欧盟市场。[㊀]

很显然，虽然欧盟制定的《人工智能法案》为全球人工智能治理提供了欧盟模式，但其后续相关立法程序可能还会持续很长时间，在实践层面的遵守与践行也还面临诸多难题，可谓任重而道远。具体表现在，首先，欧盟的强监管模式确实限制了人工智能风险发生的可能，但在一定程度上也有可能阻碍技术创新。其次，欧盟在人工智能发展过程中面临着诸多短板，如算力基础设施相对滞后、芯片几乎完全依赖进口以及本土开源模型进展缓慢等。再次，欧盟内部成员国对人工智能发展态度不一，存在对立和矛盾。而且，欧盟各国在《人工智能法案》的贯彻执行方面也依然存在不小差距，因此可以说其还远未全面实施。曾在《人工智能法案》谈判的最后阶段，法国、德国和意大利就如何监管通用人工智能基础模型达成共识，支持通用人工智能基础模型“通过行为准则进行强制性自我监管”[㊁]，但英国对法案中的强监管政策怀有一定的抵触

㊀ 孙那，鲍一鸣．比较法视阈下我国生成式人工智能立法模式研究［J］．国际经济法学刊，2024（4）：53-70.

㊁ 刘晓春，王洁，石嘉浩．美、欧、中人工智能治理实践盘点［EB/OL］．(2024-04-07)［2025-03-03］．https://mp.weixin.qq.com/s?__biz=MzA3MzY3NDEyOA==&mid=2659278181&idx=3&sn=a4bc0aa885c5ed8987b8ee7acd927945&chksm=8520d5ca6f9bb9bb30a5a8fb88fe9c4bb083536555fb2fe68b01be45348242442a061139859c&scene=27.

心理，不断回避和拒绝为人工智能模型制造商制定和落实法律义务。欧盟对人工智能的治理体现出理想主义与现实主义之间的张力，既试图通过强监管塑造人工智能技术的“理想国”，又迫于现实压力在全球人工智能竞争中奋力挣扎，然而，如果无法从根本上解决技术发展的结构性瓶颈，欧盟很有可能在全球人工智能创新的浪潮中不断被其他国家所超越。由此，生成式人工智能的全球治理本质上就是一个更为复杂而困难的问题，迄今为止还没有清晰明确而又切实可行的全球性方案。由于各个国家和地区在生成式人工智能发展的现实中面临太多差异性，因此需要结合不同国家和地区的治理经验以及本国的具体实际，在进行本土化治理的基础之上，更多地与其他国家和地区展开沟通与合作，这样才能为其发展创造开放、包容、无障碍和非歧视的发展环境，确保所有国家都能从技术进步中获益。

二、美国模式：创新优先，内外双标

从国内层面而言，美国长期以来对科技创新采取较为宽容的政策，对生成式人工智能的监管力度相对较小，侧重于激励技术创新与发展，以生成式人工智能技术研发、推广与使用为导向出台了系列法律政策，目的在于继续保持美国在生成式人工智能领域的领先地位和竞争优势，促进其相关产业发展。在生成式人工智能得到普及应用之前，美国的相关政策及法律对技术发展更多地展现出积极支持的态度，如《生成式人工智能网络安全法案》和《人工智能透明度法案》都强调了技术创新精神的重要性。然而，在生成式人工智能逐渐得到普及应用之后，美国开始重点探讨生成式人工智能的监管方式。在联邦政府层面尤其是各州政府都开始对生成式人工智能监管与治理展开实际行动。在地方政府或行业机构的相关立法和政策中，主要采取相应措施弥补生成式人工智能研发与应用中出现的技术漏洞。2022 年，美国共有 17 个州引入有关生成式人工智能的监管法案。[㊀]加州的《消费者隐私法案》（CCPA）注重保护数据隐私和算法透明，对人工智能进行重大安全风险防范的途径，更多地依赖企业的自我监督，并且设置了合规免责制度。科罗拉多州《人工智能法》规范了避免算法歧视的合理注意义务，而犹他州《人工智能法案》仅规定了使用人工智能的披露义务，加利福尼亚州《前沿人工智能模型安全可靠创新法案》仅设置了人工智能模型的“有限豁免权”，从而提升了针对生成式人工智能开发者和部署者的监管门槛，并且增加了其法律责任豁免的可能。由此可见，美国各州针对生成式人工智能进行专门立法的情况较少，而更多的是从一般意义上制定鼓励人工智能技术创新的规则，尽可能地为技术进步创造可能空间。然而，各州立法的侧重点有所差异，政策之间也不完全一致，整体上呈现较为分散的区域性特征。在联邦政府层面，美国先后出台了《国家人工智能研发战略计划》《人工智能路线图》《人工智能应用监管指南》《人工智能风险管理框架》《安全创新框架》《人工智能立法框架》等指导性政策和法规文件，这些文件大多不具备强制性法律效力，软法治理的特征尤为突出。如《人工智能风险管理框架》属于自愿适用，即是否被遵循取决于相关人工智能研发企业各自的选择。[㊁]美国关于生成式人工智能的立法，既包括具有普遍性的指导政策，如《关于安全、可靠、值得信赖地开发和使用人工智能的行政命令》《人工智能风险管理框架：生成式人工智能概况》等，这些政策草案以原则性要求为主，尚无明确的具体义务规定；也包括针对不同行业应用制定的更加详细的规则，如《生成式人工智能

㊀ 李佳轩，常帅峰，袁勤俭．中外生成式人工智能监管政策比较研究［J/OL］.（2025-01-26）［2025-03-27］. https://kns. cnki. net/kcms2/article/abstract? v = KlmjsyJjhURmgrnzZwJk3bz8Wsb9Ea3u0_fqzPT2lKKNiB1dSFAnUyeqRyDTwDlg51UYGq_hMlhtSPhUu3vG_3NSLDGvok66Vunkgr2U2o6TPQbaO8rOmR8vHMTzG-hkBwUfjcpozDdXCTCS0vGcjhUjepVNzcXYaqUvplVAwjf-7ScWM468TaszIf2xnBpZ&uniplatform=NZKPT&language=CHS.

㊁ 孙那，鲍一鸣．比较法视阈下我国生成式人工智能立法模式研究［J］. 国际经济法学刊，2024（4）：53-70.

版权披露法案》《内容来源保护和防止编辑和深度伪造媒体完整性法案》等，尽管这些法案针对性较强，在一定程度上弥补了普遍性指导法案的不足，但其依然存在高合规成本与追溯效力的矛盾、合理使用原则的分歧以及数据披露实操困难等现实挑战。由此可见，虽然美国在生成式人工智能立法和政策制定方面不断进行摸索和尝试，但其效力有限，政策宽松，以软法治理为主，目的是鼓励技术创新（如提升硬件性能、创新计算架构等）和产业应用（如精准医疗、个性化治疗和药物研发等），具有明显的实用主义色彩，长期效果有待观察。

在实践操作层面，美国政府明确监管权责划分，重构制度化的监管架构，陆续指定高级别机构负责对应监管，并且推进一系列人工智能监管举措的落实，以强力手段对人工智能核心企业实施穿透式监管，同时高度关注损害隐私、透明与公平的重大风险。[㊀]截至目前，美国已经发生多起围绕模型训练、输出是否涉嫌侵权和人工智能生成物是否应当受到知识产权保护的相关案件。例如，2023 年 12 月 28 日《纽约时报》向 OpenAI 和微软发起侵权指控，同时要求销毁所有包含《纽约时报》作品的 GPT 模型或其他大语言模型和训练集，并提出数十亿美元索赔。针对这一案件，有专家指出，根据美国现行的版权法第五章规定，每一条侵权内容最高可罚款 15 万美元，如果真如《纽约时报》所说，侵权文章有数百万篇，那么 OpenAI 将面临“毁灭性打击”。[㊁]根据美国现有法律框架，在这一案例中主要存在训练与输入阶段内容的合法性争议，即关于“合理使用”和“转化性使用”的分歧，以及输出阶段的侵权判定困境，即未明确区分“数据训练”与“内容生成”的权责边界。OpenAI 强调模型输出内容并非直接复制，而是基于概率统计生成的“新表达”。然

㊀ 邢亚杰，戚凯．论当前美国政府的人工智能监管政策［J］．国际观察，2024（4）：31-57.

㊁ 郑直．《纽约时报》状告 OpenAI 和微软：“用我们的文章来训练 AI 取代我们”［EB/OL］．（2023-12-28）［2025-03-04］．https://finance.sina.com.cn/tech/roll/2023-12-28/doc-imzzqmir7427982.shtml.

而，《纽约时报》提出反证：其提供的100余例GPT-4输出内容与原文高度相似，表明模型存在实质性复制行为，且直接与新闻媒体形成市场竞争关系，损害其经济利益。[一]

然而，从国际层面观之，美国在生成式人工智能领域中的相关政策与法规具有较为明显的双重标准与排他性的特点，属于典型的“小院高墙”方案。[二]这种倾向不仅鲜明地体现在其对内政策制定的价值导向与利益权衡方面，更深刻体现在其对外技术封锁与单边制裁之中，可能衍生人工智能“新殖民主义”[三]的风险。首先，美国通过构建“技术安全共同体”框架，以国家安全为名维护美国技术领先地位，实施差异化技术出口管制策略。2025年1月13日，美国拜登政府宣布了《人工智能扩散出口管制框架》，将人工智能技术和GPU出口分为三个级别进行管制，仅对战略同盟国开放高端芯片与闭源模型的无限量出口，而中国等国则被全面禁止。[四]这种将常规技术竞争泛安全化的做法，实质上是技术霸权主义在立法领域中的具象化表达。这一政策遭到英伟达、甲骨文等美国科技巨头的批评，甲骨文执行副总裁肯·格鲁艾克质疑道：“《人工智能扩散出口管制框架》将成为有史以来对美国科技行业最具破坏性的政策之一，将可能破坏美国在云服务、芯片和人工智能领域的领导地位。”[五]2025年1月底，美国国会发布《2025年美国人工智慧能力与中国脱钩法

[一] 新智元．史上最大AI版权案深度分析！OpenAI必败，还是纽约时报胜率为0？［EB/OL］．(2023-12-29)［2025-03-03］．https://www.163.com/dy/article/IN4LFAEE0511ABV6.html.

[二] 孙那，鲍一鸣．比较法视阈下我国生成式人工智能立法模式研究［J］．国际经济法学刊，2024(4)：53-70.

[三] Interview：AI expert warns of‘digital colonization’in Africa［EB/OL］．(2024-01-02)［2025-03-04］．https://news.un.org/en/story/2024/01/1144342.

[四] 观察者网．英伟达高管批评美国AI管制：拖美国后腿、让美国对手得利［EB/OL］．(2025-01-10)［2025-03-03］．https://baijiahao.baidu.com/s?id=1820855374716121664&wfr=spider&for=pc.

[五] 观察者网．美国云巨头甲骨文警告：美国AI禁令，可能将GPU市场拱手让给中国［EB/OL］．(2025-01-09)［2025-03-03］．https://baijiahao.baidu.com/s?id=1820764938356818288&wfr=spider&for=pc.

案》，其立法依据基于“技术威胁论”的假设，禁止把中国开发或生产的人工智能或生成式人工智能技术、知识产权进口到美国，禁止向中国或在中国境内出口人工智能或生成式人工智能技术或知识产权，涉及芯片、存储设备、操作系统、云计算服务等任何支持人工智能运行的设备或工具以及相关软件、组件和服务。而且这里的知识产权和技术的含义都极为宽泛，相当于有关人工智能的全面进出口管制。该法案在人工智能“研究与开发”合作方面规定：禁止美国公司、高校和研究机构与美国公民在中国境内开展人工智能或生成式人工智能的研究或开发，以及为“受关注实体”、代表“受关注实体”或为其工作的中国公民开展人工智能或生成式人工智能的研究或开发，或与之开展任何形式的此类研发合作。而对于违反上述禁令的美国大学、实验室、研究机构、研发中心、公司将被处以最高可达 1 亿美元的罚款，违反禁令的美国公民最高可处以 100 万美元的罚款。[㊀]由此可见，基于二元对立与零和博弈的思维方式，美国不仅全面升级对中国的芯片及制造设备、算力技术与服务的封禁措施，还联合全球盟友合围中国算力企业，挤压中国发展算力及人工智能技术和产业的空间与可能，并且还通过“长臂管辖”强化技术标准输出，通过限定特定实体参与全球人工智能标准制定，削弱发展中国家的人工智能规则制定话语权。例如，“西方科技价值观联盟”作为维护美国霸权主义与强权政治的意识形态工具，旨在构建西方价值观主导下的世界秩序，通过强化中西“价值对立”、界定“民主标准”和制造“舆论陷阱”，进一步抹黑中国，全方位打响对华认知战和拓展反华包围圈。该联盟一方面通过技术封锁类联盟阻止先进技术向中国转移，另一方面通过技术创新合作类联盟试图孤立和边缘化中国。[㊁]

㊀ 新浪财经．DeepSeek 效应持续发酵：美国国会提出“美中人工智能脱钩”法案［EB/OL］．(2025-01-31)［2025-03-03］．https://baijiahao. baidu. com/s?id=1822725953320758712&wfr=spider&for=pc.

㊁ 孙那，鲍一鸣．比较法视阈下我国生成式人工智能立法模式研究［J］．国际经济法学刊，2024（4）：53-70.

实际上，美国上述技术管制政策正面临着重重矛盾，尽管实施严格的技术脱钩政策，但美国安全与新兴技术中心（CSET）发布的报告显示，美国顶尖人工智能研究员中，约70%是在美国以外的国家出生或接受教育的，其中来自中国的专家占比最高，达到29%。这些技术人员在美国的相关高校、科研机构和企业中发挥着重要作用，推动了人工智能的创新与发展。虽然目前美国在人工智能领域居于领先地位，但任何技术本质上是具有流动性的，生成式人工智能也不例外，而且其技术进步更加需要开源、普惠、共享与合作。因此，美国生成式人工智能治理的霸权逻辑从根本上源于维护其全球绝对领先地位的战略焦虑。这种试图通过密不透风的封闭自守保住固有地位的妄想终究会被现实打破。美国近些年来陆续发布的一系列有关高科技的管制政策中，就彰显出企业利益与国家战略之间的种种悖论。这种技术霸权治理模式与生成式人工智能全球性治理应有的多边性、包容性、开放性、普惠性等基本原则存在根本冲突。而且目前，生成式人工智能治理各自为战、划分阵营的做法有可能导致各国相关技术标准、规范出现不一致甚至相互对立的状况，进而导致共性技术风险治理的碎片化趋势愈演愈烈。因此，面对生成式人工智能在全球范围内强势发展的现实，与其相适应的全球性治理体系建设仍显滞后。生成式人工智能日益成为国际科技竞争的焦点之一，我们需要以更加开放和包容的心态，在尊重各国技术发展主权与安全的基础上，打破技术垄断与技术壁垒，展开关于技术发展及其风险治理的广泛交流与深度合作，在应对生成式人工智能共性风险的基础上探索全球性治理方案，同时更重要的是，要结合各个国家和地区的技术发展与应用的具体实际与本国国情、历史文化传统等因素实施因时制宜、因地制宜的本土化治理。

三、日本模式：软法规制，安全为重

生成式人工智能已成为当前人工智能发展的核心领域，其不仅能够赋能千行百业，推动数智经济发展，而且也成为各个国家展开竞争与较量的关键所在，关乎其能否在最新一轮的科技革命和产业转型中占据优势地位。因此，无论是发达国家还是发展中国家，都开始积极部署生成式人工智能的研发与应用。日本政府自 20 世纪 80 年代以来就开启了人工智能研发与应用的进程，但其如今在生成式人工智能领域的发展规模和发展速度明显落后于美国、中国和欧洲。这首先体现在最基础的通用大语言模型开发和配套领域的市场占有率上。2024 年 6 月，由 ELYZA 公司研发的号称日本最大参数规模的日语生成式人工智能“Llama-3-ELYZA-JP-70B”，虽然在日语性能上超越了 GPT-4，但其参数规模仅有 700 亿左右。此外，日本在生成式人工智能相关的硬件、软件和算法领域均不占优势，对外依存度较高，本土企业处于竞争劣势。然而目前，一方面，生成式人工智能在全球的普及应用已成为大势所趋，为了在日趋激烈的生成式人工智能的国际竞争中迎头赶上，日本政府于 2023 年 5 月的报告中指出，生成式人工智能正在引领新的时代变革，探讨生成式人工智能及人工智能的发展战略极具必要性，由此也展现出日本政府大力促进生成式人工智能发展的信心与姿态。另一方面，日本国内面临着人口老龄化、少子化、劳动力不足、持续性经济衰退的现实国情，在生成式人工智能领域，既面临着重要机遇，如机器人技术积累的丰富经验与特殊的优势、具有较为广泛的商业化应用基础以及引资和开拓海外市场的优势；又遭遇着巨大挑战，如数据资源相对有限、资金投入相对不足以及生成式人工智能相关领域的人才短板等。[⊖]

因此，近两年来，日本不断加大对人工智能尤其是生成式人工智能

⊖ 刘红，郜仲文．日本生成式 AI 发展战略评析［J］．现代日本经济，2025（1）：67-80.

的研发投入，2024 年度日本人工智能相关预算高达 1641 亿日元，同比增长 44%，其中生成式人工智能相关预算达 728 亿日元，占比接近一半；用于强化人工智能研发能力的预算更是高达 569 亿日元。[㊀]2025 年 2 月 28 日，日本政府在内阁会议上敲定了关于人工智能的新法案，核心内容是日本政府依法对人工智能风险进行调查，并采取为相关企业提供指导和建议等措施。该法案还规定，企业有义务配合国家的相关政策。这是日本首次针对人工智能制定专门法律，旨在缓解对生成式人工智能等出现后被滥用的强烈担忧，并推动企业研发及国民对人工智能的合理使用。[㊁]

由此，日本在应对生成式人工智能的风险过程中，形成了“软法引导，安全为重”的基本治理框架。首先，日本政府不断优化和完善顶层设计，制定和完善人工智能的使用规范与发展方向，同时为技术发展及应用提供政策引导，确保生成式人工智能的高效利用与广泛普及。2023 年，日本政府设立了“AI 战略会议”，并以会议为中心加速推进国际国内生成式人工智能政策的制定与实施，以及生成式人工智能技术的发展与应用，甚至将如何有效调配相关数据、电力等资源列入会议关注焦点。为了更好地发挥“AI 战略会议”的作用，日本政府还成立了“AI 战略团队”，该团队由内阁府牵头，经济产业省、总务省、数字厅等多部门共同参与，与“AI 战略会议”相互配合，发挥核心智囊团和决策机构的作用。[㊂]2024 年 7 月，日本经济产业省发布《生成式 AI 在内容制作中的应用指南》，主要围绕游戏、动漫、广告等产业，介绍了由 CyberAgent、Square Enix 和伊藤园等公司使用生成人工智能的实例。在此基础上，该指南还总结了在实际利用生成式人工智能时需要注意的法律问题及其应对措施，可用于生成式人工智能创作内容的企划与审查、生成式人工智

㊀ 内閣府．令和 6 年度概算要求におけるAI 関連予算について［EB/OL］.（2023 - 09-18）［2024-10-15］. https：/ / www8. cao. go. jp / cstp / ai / ai__senryaku / 5kai / shisaku. pdf.

㊁ 界面新闻．日本内阁敲定首部 AI 法案，重点防控滥用风险［EB/OL］.（2025-02-28）［2025-03-04］. https://baijiahao. baidu. com/s?id=1825283528984647410&wfr=spider&for=pc.

㊂ 刘红，郃仲文．日本生成式 AI 发展战略评析［J］. 现代日本经济，2025（1）：67-80.

能服务的选择、法律检查，以及生成式人工智能使用的内部指南制定等。㊀此前，日本内阁官房长官林方正表示，日本外务省与内阁府正在探索人工智能政策的基本方针。为了确保政策的适当性，日本正在致力于国际治理标准的制定、人工智能趋势的信息收集，以及对侵犯民众权力和利益的案件调查。㊁

其次，日本在生成式人工智能应用层面做出了一系列尝试和探索，例如，具体到教育领域，多所高校纷纷出台师生利用生成式人工智能的行为指导规范，但尚未在全国范围内达成一致立场和统一行动，不同学校在态度立场和具体措施方面存在较大差异。2023 年 7 月，日本文部科学省出台了首份《初等中等教育阶段生成式 AI 利用暂行指南》（《初等中等教育段階における生成 AIの利用に関 する暫定的なガイドライ》），提出建议应当从特定领域利用生成式人工智能开始，验证其应用的有效场景，推动试点，提升生成式人工智能灵活应用的能力。㊂2023 年 10 月 10 日，日本文部科学省宣布已在 38 个自治团体中选择了 53 所学校作为试点学校，以验证生成式人工智能在学校中的实际应用情况。试点学校将尝试利用生成式人工智能提高教学和校务的效率，同时研究检验在学校中导入生成式人工智能的有效案例和课题。在教育教学的应用过程中，特别强调试点学校必须确保学生充分了解生成式人工智能的性质、优缺点以及人工智能没有自我或个性这一事实，要求学生重视自己的判断和思考，而不是把一切都交给生成式人工智能。㊃在日本高校中，关于生成式人工智能的应用和管理也意见不一。有的高校从最初的

㊀ 威理扬．日本经济产业省发布《生成式 AI 在内容制作中的应用指南》［EB/OL］．(2024-07-12)［2025-03-04］．https://www.bilibili.com/opus/953213917779197958.

㊁ 金融界．日本外务省和内阁府正在推动人工智能政策基本方针［EB/OL］．(2025-02-28)［2025-03-04］．https://baijiahao.baidu.com/s?id=1825261126343910992&wfr=spider&for=pc.

㊂ 李建国，范策．全球生成式人工智能政策规范的核心议题及其世界影响［J］．国际观察，2025 (1)：130-156.

㊃ 贾赟．日本设立生成式人工智能试点学校［J］．教育国际交流，2023 (6)：78-79.

禁止接触逐步调整为禁止直接复制，即一般情况下禁止学生直接复制生成式人工智能生成内容，但特殊情境例外；还有高校将是否可以使用生成式人工智能的权利下放到任课教师，由教师实施自由裁量，进行敏捷治理；此外，还有学校基于“工具论”预设，鼓励师生使用生成式人工智能，以使学生提前适应生成式人工智能时代的需求。[一]

最后，针对由生成式人工智能衍生的各种共性风险和重点问题，日本政府着重加快推进相应的治理方案与监管措施的制定与实施。鉴于人工智能技术的发展具有重要性和风险性的双重特征，日本在人工智能相关法规政策制定中坚持兼顾促进创新和应对风险的基本理念。2024 年 4 月 19 日，日本经济产业省发布《AI 企业指南》，为企业的发展提供参照和指引，适用对象包括人工智能系统与服务的开发者、提供者以及利用者三方。对于滥用或恶意使用生成式人工智能技术的企业，日本人工智能新法拟规定，政府可以公开其名称，以强化对运用人工智能制作虚假信息、侵害人权等行为的打击力度。然而为避免由于法律过度严苛而导致不利于人工智能技术创新，人工智能新法将暂不考虑制定刑罚或罚金等严重的处罚条款。[二]针对生成式人工智能生成内容是否侵权这一问题，日本提出并实施“红线提示机制”，即通过对生成式人工智能生成的内容进行实时监控、自动检测和对比，一旦发现可能存在侵权内容或侵权行为，系统可以发出预警，提示内容创作者或平台监管人员采取相应措施。[三]

由上述内容观之，日本在生成式人工智能技术风险治理领域展现出动态平衡与体系创新并重的特色，构建起“技术驱动规则—规则反哺产业”的共生模式，其治理框架以灵活监管为核心特征。虽然该治理模式

㊀ 张韬略，陈沪楠．日本高校对学生使用生成式人工智能技术的立场及启示［J］．外国教育研究，2025（1）：82-100.

㊁ 苏宁．日本推进人工智能立法兼顾双重性［EB/OL］．（2025-01-22）［2025-03-05］．https://baijiahao.baidu.com/s?id=1821910200920525017&wfr=spider&for=pc.

㊂ 张笑尘．人工智能生成物的可版权性问题［J］．现代日本经济，2025（1）：81-94.

在一定程度上突破了传统监管的刚性约束困境，但同时也暴露出技术主义的深层矛盾。由于对核心数据资源的流动治理较为滞后，导致其技术治理面临“标准制定权”与“产业控制力”的失衡风险。因此，需进一步构建多层次治理框架，以实现技术进步与规范治理的动态适配。

第三节　生成式人工智能技术风险治理的中国方案

我国如何在生成式人工智能领域实现“弯道超车”，突破“卡脖子”问题的同时，又能合理预防和规治技术风险成为迫在眉睫的时代课题。当前，世界各国围绕以生成式人工智能为代表的新兴科技竞争日趋激烈，提升自身科技实力与话语权，防范生成式人工智能带来的技术风险，成为各国面临的共性难题。鉴于生成式人工智能的现有缺陷与不确定性，以及其在产业落地和社会互动过程中产生的新问题，迫切需要实现敏捷治理和精细治理。

一、推进顶层设计与场景落地相结合

我国在生成式人工智能技术风险治理过程中持续推进顶层设计与实践探索相结合，以确保其相对安全，在一定程度上防范和规避其源头风险与次生风险。自 2015 年起，我国为推动人工智能持续健康发展，制定和颁布了一系列涵盖产业发展、安全监管、人才培养及国际合作等方面的指导性政策文件，为人工智能的长期发展提供了政策保障。然而，伴随生成式人工智能及其技术的突飞猛进和快速迭代，其技术风险也变得日益复杂且影响深远[⊖]。对此，我国不断探索前瞻性、整体性和系统性的顶层设计与丰富多样且蓬勃发展的实践应用相结合

⊖ 刘嘉文．生成式 AI 的风险挑战与敏捷治理——以 ChatGPT 为分析起点［J］．通信与信息技术，2024（1）：115.

的综合性方案。顶层设计主要着重于从宏观政策层面引领和规范生成式人工智能技术的长远发展。实践应用则更加侧重于其在行业、产业、企业发展层面的场景落地。通过两个维度的融合，我们可以根据技术实际发展状况与发展趋势适时适宜地调整策略，从而更加灵活地应对生成式人工智能的种种技术风险。按照德国社会学家贝克的风险社会理论，新兴技术带来的风险往往难以全面认知和准确预测，其中既包括已知风险，也蕴藏着大量未知或潜在风险。由此，持续探索顶层设计与实践应用之间的平衡，才能更加精准、审慎地制定与实施风险治理策略。

我国政府一直密切关注并积极回应生成式人工智能发展所产生的风险预防与规治需求，不仅及时出台一系列相关法律法规，而且算法规制的工具也日渐丰富，逐步形成算法备案、算法审查、算法安全评估等配套治理制度、规范和机制。2021 年，我国开启了算法安全领域的治理实践，制定了《互联网信息服务算法推荐管理规定》，该规定自 2022 年 3 月 1 日起正式实施。此后，国家互联网信息办公室先后四次发布了境内深度合成服务算法备案清单，共公布了 280 项生成合成类算法[1]。2022 年 9 月，深圳市发布《深圳经济特区人工智能产业促进条例》，这是全国首部关于人工智能法律治理的地方性法规[2]。

2023 年 4 月 11 日，国家互联网信息办公室发布《国家互联网信息办公室关于<生成式人工智能服务管理办法（征求意见稿）>公开征求意见的通知》，对《生成式人工智能服务管理办法（征求意见稿）》公开征求意见。2023 年 7 月 10 日，《生成式人工智能服务管理暂行办法》（以下简称《办法》）正式公布，并自 2023 年 8 月 15 日起施行。由此可

---

[1] 张旭芳. 生成式人工智能的算法安全风险及治理路径［J］. 江西社会科学，2024（8）：90-100.

[2] 沈芳君. 生成式人工智能的风险与治理——兼论如何打破“科林格里奇困境”［J］. 浙江大学学报（人文社会科学版），2024（6）：78.

见，从顶层设计层面引导并规约生成式人工智能的发展已经刻不容缓。只有防患于未然，才能避免生成式人工智能技术发展中的诸多不确定性。《办法》的及时出台是我国对生成式人工智能实施敏捷治理的一次尝试，也体现了我国应对人工智能技术风险的信心、决心与前瞻性考量。[㊀]鉴于我国当前生成式人工智能发展依然处于初期阶段，《办法》彰显出发展与安全并重、创新和治理相结合的价值导向，而且也是我国结合目前生成式人工智能的实际发展状况做出的本土化探索。因为在生成式人工智能技术发展方面，我国在硬件、软件、基础设施和语料库等方面，与发达国家还存在一定差距。如果过早提出较为严苛的规制方案，将不利于我国在激烈的国际竞争中占据有利地位，然而如果过度鼓励技术创新，又有可能加剧已知和未知风险。因此，我们迫切需要采取动态化的敏捷治理与包容审慎的治理思路，基于我国生成式人工智能发展阶段、特色与重点，探寻适宜的技术风险治理模式与治理方案。《办法》立足促进生成式人工智能健康发展与规范应用，明确提供和使用生成式人工智能服务的法律底线，清晰界定不同环节的责任要求，明确其监管手段，旨在推动生成式人工智能向上向善[㊁]。2023 年 10 月发布的《生成式人工智能服务安全基本要求（征求意见稿）》[㊂]是国内首个专门面向生成式人工智能安全领域的规范意见稿，2024 年 3 月 1 日《生成式人工智能服务安全基本要求》正式发布，为规范人工智能技术、产品和服务安全提供了基本指引，同时也为《办法》的贯彻落实提供了支撑。这些顶层设计对

㊀ 金杜研究院．“不要温和地走进那良夜”——对《生成式人工智能服务管理办法》的思考［EB/OL］.（2023-04-16）［2025-03-03］. https://mp. weixin. qq. com/s/QLzHdO45FkSqeTR-em0WboQ.

㊁ 辛勇飞．推动生成式人工智能精细化治理［EB/OL］.（2023-07-13）［2025-03-03］. https://www. cac. gov. cn/2023-07/13/c_1690898363806525. htm.

㊂ 参见全国信息安全标准化技术委员会《网络安全技术　生成式人工智能服务安全基本要求》，可参考 https://www. tc260. org. cn/file/2024-05-17/9e2853d0-99a0-49c2-9df7-ccaada842ac5. pdf。该文件包含了生成式人工智能服务在安全方面的基本要求，涉及语料安全、模型安全、安全措施、安全评估等方面，文件中的附录 A 给出了语料及生成内容的主要安全风险，共 5 类 31 种。

于确保技术进步与技术治理之间动态平衡，推动生成式人工智能技术的健康有序发展具有深远意义。㊀

同时，生成式人工智能相关科技企业应当加强自治与自律，在从研发到场景落地的过程中，承担起防范与规治技术风险的主要责任，因为相关科技企业及其研发和应用人员对技术本身更为熟知，对技术已知和潜在风险有着更科学而专业的判断。而且生成式人工智能不同于其他科技的一点在于，其技术门槛很高，只有专业技术人员才了解其内部技术逻辑与运行规则，而其他人员对其发展程度和发展前景难以预测，对其风险和不确定性也更加难以预料。由此对于生成式人工智能可能引起的技术风险，应当首先加强企业内部合规建设，如果企业自治无法达到理想效果，就需要政府监管及时介入。㊁因为如果把预防、治理与监管完全交于企业，那么将无法确定最终的治理效果，相当于科技企业既是运动员，又是裁判者。作为主要的技术风险治理主体，政府部门与科技企业应当通力合作，尽可能将风险降到最低。生成式人工智能作为新生事物，不仅受到社会普遍关注，也凝结着专业技术人员的心血与期待。作为技术研发和应用人员，往往会将推进技术进步视为自身的“天职”，不遗余力地促进相关技术达至更高境界，精益求精，日臻完善。这固然是科学家精神的重要体现，然而，其可能存在的不确定性与风险也应当同样受到技术专业人员的高度关注。科技企业在研发和应用生成式人工智能的过程中，不仅要考虑经济成本，衡量投入–产出比，还应当充分考虑其广泛而深远的社会影响（即社会成本），对公众的生命、安全和福祉负责，对生态环境的绿色和可持续发展负责。

综上所述，更好地推进顶层设计与场景落地的有机结合，加强政府

㊀ 沈芳君．生成式人工智能的风险与治理——兼论如何打破“科林格里奇困境”［J］．浙江大学学报（人文社会科学版），2024（6）：78.

㊁ 童云峰．走出科林格里奇困境：生成式人工智能技术的动态规制［J］．上海交通大学学报（哲学社会科学版），2024（8）：61.

治理与行业、企业自治的协调配合，是防范、规避与治理生成式人工智能风险，跳出“科林格里奇困境”的必然要求。

二、注重基础理论研究与跨学科深度合作相融合

当前，生成式人工智能技术本身存在诸多未知领域有待探索和突破，与此同时，这一技术对人们的生产方式、生活方式、思维方式、价值观念、商业模式、经济发展、社会进步乃至国际格局等方面产生了重大而深远的影响。因此，不仅要充分重视生成式人工智能基础理论研究，更要促进跨学科的深度合作。2019 年 4 月 27 日，北京大学人工智能研究院（以下简称“研究院”）宣布成立，研究院提出了一项具有前瞻性的战略构想——为机器立“心”，为人文赋“理”。2023 年 8 月，朱松纯及其团队发表《通智测试：通用人工智能具身物理与社会测试评级系统》。该通智测试的设计全面考虑了通用人工智能的核心特征，填补了通用人工智能评测的空白，突破了传统测试的方法局限，在人工智能领域具有重要的创新价值。2024 年 3 月，研究院通过“AI+人文”跨学科研究，开发了定量文化分析系统，为人文学者运用定量分析方法从事思想史和文化史研究提供有利条件。由于专业分工和学科细化的进一步加剧，人文社会科学学科与人工智能学科之间存在着严重的学科壁垒，部分人工智能领域研究人员认为人文社会科学的相关研究不仅丝毫无法助力人工智能技术的进展，甚至可能会对其产生掣肘和阻碍作用。部分人文社会科学研究者也总是戴着“有色眼镜”来审视人工智能技术人员，认为其中不乏痴心妄想、痴人说梦的科学狂人。实际上，双方的心态在很大程度上源于彼此之间缺乏沟通与了解，而不了解又会产生更多误解。一方面，不同专业和学科之间确实存在“隔行如隔山”的现象，甚至在同一学科内部也时常会出现这种现象，这也恰恰凸显了彼此沟通与对话的迫切性与重要性。另一方面，生成式人工智能衍生的技术风险的规避与应对，既需要计算机、电子、微电子与数学、物理、认知科学等基础学科

的深度融合，以共同推进技术进步与突破，夯实相关理论基础，厘清基础理论问题，同时也需要与法律、哲学、社会学、政治学等诸多人文社会学科相融合，发展有良知有温度的生成式人工智能技术，推进其可控、可持续、正向发展，以更好地为人类服务。[㊀]

三、健全数据适度共享和开放，完善算法治理框架

海德格尔曾指出："如果我们把技术当作某种中性的东西，我们就最恶劣地听任技术摆布了。"[㊁]任何技术都不是价值无涉的，生成式人工智能的发展也始终伴随着价值问题。因为技术不是独立存在的，它的研发与应用始终需要人作为主体参与其中，对风险的预防、控制和治理都与人的价值取向和价值判断密切相关。风险的衡量以及技术控制所依赖的规范都蕴含着标准制定者的价值观念与价值准则。[㊂]按照马克思主义的观点，科技与社会是双向互动的，二者既具有相对独立性又相互影响、相互作用。一方面，科技具有赋能各行各业和推动社会进步的重要作用，但另一方面，它也受到社会制度和历史文化传统的规范、影响与塑造。要想发挥科技推动社会进步、造福人类福祉的功能，首先需要通过价值引领确保科技的科学研发和应用。在生成式人工智能发展中，不能任凭技术的工具理性狂飙突进，而是需要从价值理性的维度引导和规范技术向善为善，即我们需要从技术向善的维度推进数据的适度开放和共享，构建完善的算法治理体系与框架。就研发到应用的全流程而言，生成式人工智能需要先后经历训练数据处理、数据标注、提供服务等环节。清晰界定不同环节的技术风险，是对其进行防范与治理的重要条件。

㊀ 陈雅静．北京大学人工智能研究院促进人工智能与人文领域深度融合［N］．中国社会科学报，2024-12-23.

㊁ HEIDEGGER M. 演讲与论文集［M］．孙周兴，译．北京：商务印书馆，2020：5.

㊂ 沈芳君．生成式人工智能的风险与治理——兼论如何打破"科林格里奇困境"［J］．浙江大学学报（人文社会科学版），2024（6）：80.

数据是生成式人工智能的关键要素，海量训练数据为生成式人工智能大模型的“智能生成”提供了物质前提，然而其所衍生的风险也与大模型相伴相生。诸如 GPT 之类的大语言模型，在信息输入与输出方面具有一个鲜明特征，即输出内容只是与用户输入的内容具有语义层面的最大关联性。由此说明，在大模型的价值排序中，语义上的关联性比信息的准确性更加重要。这也就意味着大模型具备“主动”或“被动”捏造事实的能力。[一]由于目前的大模型无法识别训练数据的真伪，其在被投喂存在偏见、误差、错误和虚假的数据后，会出现不同程度的知识幻觉现象。由于生成式人工智能的运作流程体现为“输入数据—计算数据—输出信息”三个环节，无论是向模型提供数据的输入层、应用程序处理数据的隐藏层，还是最终提供给用户答案的输出层，不同阶段都存在着贯穿于生成式人工智能运行全生命周期的不同风险。[二]生成式人工智能在输入层和输出层都存在着虚假数据风险，而在隐藏层则主要呈现为算法黑箱等风险。[三]因此，最大限度地确保训练数据的准确性、真实性和有效性，是从源头上消除、规避或降低风险发生概率的必要之举。[四]

保持公共数据适度的开放共享，推进标准训练数据集建设，有助于收集具有真实性、科学性、多样性、平衡性、可重复性且相互检验的训练数据，从而尽量确保输入数据的全面性和可靠性。在生成式人工智能研发过程中，可以根据其功能类别分别建立相应的标准训练数据集，也可以根据预训练的不同阶段建设不同层级的训练数据集，并健全与完善

㊀ 刘纯懿，胡泳．人机逆转、叙事僵死与无事实时代——生成式革命的影响与危机［J］．探索与争鸣，2024（1）：162.

㊁ LINDBERG V. Building and using generative models under US copyright law［J］. Rutgers business law review，2023，18（2）：10-14.

㊂ 童云峰．走出科林格里奇困境：生成式人工智能技术的动态规制［J］．上海交通大学学报（哲学社会科学版），2024（8）：55-56.

㊃ 陈万球，罗一人．生成式人工智能的“知识幻觉”及其风险治理探论［J］．上海市社会主义学院学报，2024（4）：47.

训练数据集的评估体系与监管机制。[一] 例如，“以北京为例，2023 年 5 月，北京市启动通用人工智能产业创新伙伴计划。目前在该伙伴计划中，有 10 余家算力伙伴计划提供不少于 4000P 低成本优质算力，供北京市人工智能中小企业开展大模型训练和推理。10 个数据伙伴开放 18 个、近 500TB 高质量数据集供大模型企业训练使用”[二]。这些资源的有效利用，尤其是筛选出高质量且符合事实的数据，直接关系到大模型最终输出结果的准确性和可信度。随后对数据进行清理，需要专业技术人员凭借深厚的专业知识和技术经验，对数据进行审查，剔除异常值和错误记录，同时探索通过价值对齐确保数据集中所有数据合乎主流的价值观念与积极的价值导向，消除不符合要求的相关数据。[三]由此可以确保在研发和应用过程中减少数据失真的可能，提升大模型对数据的科学、准确和有效利用。

算法是生成式人工智能的重要“座驾”，不仅在技术研发方面存在风险，在具体场景应用中也会产生应用型风险。随着算法的商业价值显著提升，此前 OpenAI 出于避免竞争和安全问题的考虑，拒绝分享底层代码、训练方式等技术细节，这一做法引发了广泛的质疑和批评。[四]可以说，生成式人工智能技术门槛极高，尤其是算法存在严重的技术壁垒，而程序员又被赋予了较大决策权。[五]正是由于此，外部力量的监管在有些情况下很难抵达生成式人工智能“内部”，在实际操作过程中也面临着

㊀ 陈锐，江奕辉．生成式 AI 的治理研究：以 ChatGPT 为例［J］．科学学研究，2024，42（1）：21-30.

㊁ 杨月涵．生成式人工智能挥别“野蛮生长”［N］．北京商报，2023-07-13．文中所提“4000P”表示每秒 4000 万亿次浮点运算。

㊂ 陈万球，罗一人．生成式人工智能的“知识幻觉”及其风险治理探论［J］．上海市社会主义学院学报，2024（4）：47.

㊃ 王晓丽，严驰．生成式 AI 大模型的风险问题与规制进路：以 GPT-4 为例［J/OL］．（2023-10-12）［2025-03-12］．https://doi.org/10.13766/j.bhsk.1008-2204.2023.0535.

㊄ DORMEHL L. 算法时代：新经济的新引擎［M］．胡小锐，钟毅，译．北京：中信出版集团，2016：141.

重重困难。

算法不公开、不透明、解释困难等算法黑箱问题，主要源于算法的设计、测试、运行和评估等阶段的不规范，而且算法在应用过程中产生的风险贯穿于算法运行的全生命周期。加强算法风险的规范化与全方位、全覆盖、全链条治理已成为必然趋势。[㊀]算法黑箱等顽疾，部分源于新兴科技自身的不确定性和复杂性，部分来自研发和应用过程中利益和价值的复杂性，此外，还涉及算法治理体系和机制的健全和完善。由此，在算法的设计、测试和评估等环节，需要从防范和规制风险的角度设计专门的规范和准则，实现算法向上向善。

新兴科技本身的风险不仅大量存在于研发阶段，还会广泛存在于其在各个行业场景落地的应用实践之中。无论在研发环节，还是在应用阶段，都要加强全过程治理，使之不仅合乎工具理性，更合乎价值理性[㊁]。将工具理性与价值理性融合为一，既是发展生成式人工智能的必然要求，也是实现人类与生成式人工智能和谐共生的唯一选择。如果只顾及工具理性而忽视价值理性则会制造更多风险。[㊂]例如，2022 年 3 月 1 日，国家互联网信息办公室等部门联合发布的《互联网信息服务算法推荐管理规定》第二章第九条要求，算法推荐服务提供者应当加强信息安全管理，建立健全用于识别违法和不良信息的特征库，完善入库标准、规则和程序。发现未作显著标识的算法生成合成信息的，应当作出显著标识后，方可继续传输。发现违法信息的，应当立即停止传输，采取消除等处置措施，防止信息扩散，保存有关记录，并向网信部门和有关部门报告。发现不良信息的，应当按照网络信息内容生态治理有关规定予以处置。

㊀ 林洹民．加强算法风险全流程治理 创设算法规范“中国方案”［EB/OL］．（2024-09-09）［2025-03-12］．https://www.mca.gov.cn/zt/n2887/n2889/c1662004999980001376/content.html.

㊁ 林洹民．加强算法风险全流程治理 创设算法规范“中国方案”［EB/OL］．（2024-09-09）［2025-03-12］．https://www.mca.gov.cn/zt/n2887/n2889/c1662004999980001376/content.html.

㊂ 卢安文．生成式人工智能：风险、监管与治理模式探究［J/OL］．（2024-06-29）［2025-03-12］．https://link.cnki.net/urlid/50.1180.C.20240628.0838.004.

第十二条鼓励算法推荐服务提供者综合运用内容去重、打散干预等策略，并优化检索、排序、选择、推送、展示等规则的透明度和可解释性，避免对用户产生不良影响，预防和减少争议纠纷。[㊀]这些条款从技术发展角度明确了算法推荐服务提供者在算法研发和应用过程中的规制责任，尤其是防止虚假、违法信息的生成与传输过程中需要承担阻断责任。而针对算法应用过程中产生的诸种风险，《关于加强互联网信息服务算法综合治理的指导意见》提出了算法分级分类、算法评估、算法备案等宏观举措，《互联网信息服务算法推荐管理规定》则侧重于从算法备案、算法评估、算法监管到算法问责全过程进行规制，构建了事前、事中、事后监管的整体框架[㊁]。为了推进这些宏观政策的落地与执行，我国还加快了相关行业标准和技术标准的制定与出台。

四、健全模型反馈机制，实现大模型与小模型相结合

人工智能属于交叉学科，涉及计算机、心理学、哲学、语言学等诸多学科，而生成式人工智能作为当前人工智能最热门的前沿领域之一，其技术风险的预防与规治也需要依赖于诸多相关学科基础理论研究与实践探索的进展。从人类科技发展史的角度而言，任何技术的发展与创新都与风险相伴相生，生成式人工智能自然也不例外。然而与此同时，科技创新本身就是化解技术风险的重要途径之一。防范生成式人工智能技术风险，也应当以加强数智技术创新发展为前提。近年来，我国生成式人工智能发展迅速，特别是在专利申请和技术创新方面表现突出，然而在算力基础设施建设、芯片制造、算法核心技术及算法创新能力、数据流动性、产业应用等方面依然存在一些短板，为此，我们需要持续加大

㊀ 国家互联网信息办公室，中华人民共和国工业和信息化部，中华人民共和国公安部，国家市场监督管理总局．互联网信息服务算法推荐管理规定［EB/OL］．（2022-01-04）［2025-03-12］．https://www.gov.cn/zhengce/2022-11/26/content_5728941.htm.

㊁ 沈芳君．生成式人工智能的风险与治理——兼论如何打破“科林格里奇困境”［J］．浙江大学学报（人文社会科学版），2024（6）：79.

数智基础设施建设，推动数智技术创新发展。

不断建立健全生成式人工智能技术风险治理的反馈机制[㊀]。首先，可以为生成式人工智能设置用户反馈端口，嵌入多维度的反馈数据采集模块，涵盖用户个体行为、情感倾向以及建议评价等维度，采集丰富而真实的用户反馈数据集。在此基础上构建基于用户反馈的闭环优化模型，对用户反馈情况进行筛选整合，作为模型训练的新数据集，并重点关注用户反馈中的共性问题和关键需求，以便对其数据结构和核心技术实施优化。也可以探索实施用户参与式设计策略，即邀请用户参与算法设计、研发和评估等环节，建立用户反馈激励机制，鼓励用户主动反馈，提出意见和建议，使用户更好地参与到技术研发和应用的过程中来。在系统自身反馈方面，可以根据深度学习的算法黑箱困境，制定算法服务的相关规则，向用户阐明设计理念和内在机理。尽量使用可解释性强、理论基础扎实的模型，不断强化其“自律”特性。此外，生成式人工智能企业应加强内部技术审查，加强算法技术把关，鼓励引入第三方语言检测处理模型，以提高算法的稳定性和准确性。任何技术服务或产品都并非一劳永逸，生成式人工智能企业也应当定期对系统进行自我评估，根据评估结果进行改进。在用户反馈和自身反馈的双向互动作用中，实现系统自身的提升、优化与完善。

大模型耗能高、训练成本高昂的问题也值得充分重视。部分生成式人工智能相关企业认为，大模型在研发过程中，其性能提升和模型参数规模之间满足幂律关系，即模型规模越大，输入的训练数据越多，模型预测能力就越强。基于此，企业往往一方面不断增加成本投入，持续扩大 GPU 集群规模，甚至投资建设 10 万张 GPU 卡，乃至百万张 GPU 卡的规模；另一方面，大模型的性能提升需要依赖高质量训练语料，而目前

㊀ 刘嘉文．生成式 AI 的风险挑战与敏捷治理——以 ChatGPT 为分析起点［J］．通信与信息技术，2024（1）：116.

的语料库主要来自互联网公共领域数据的汇集。[㊀]研究公司 Epoch AI 预测，互联网上所有高质量的文本数据到 2028 年将被使用完毕，机器学习数据集可能会在 2026 年前耗尽所有“高质量语言数据”。[㊁]也就是说，数据作为一种资源，并非无穷无尽，高质量数据在未来几年后可能面临枯竭现象或“数据墙”的问题，这将成为限制和制约未来几年后生成式人工智能发展的瓶颈。由此可知，如果生成式人工智能在未来想要通过单纯依赖数据扩大模型规模，提升大模型性能是不切实际的，无论是巨大的经济成本和能源消耗，还是数据墙或高质量数据枯竭所带来的危机，都表明这条路是走不通的。因此，需要面向更多垂直领域，有针对性地发挥大模型的优势，弥补其局限与不足，通过通专结合的技术路线，实现生成式人工智能在社会各个领域和各行各业的广泛落地与价值赋能。这就需要瞄准不同行业领域中的关键需求，构建各种各样的专业小模型，并将它们与基座大模型相结合，根据各个领域的具体实际打造高度适配的专业智能体，才能既实现生成式人工智能自身的可持续发展，又实现其增进人类福祉的终极目标。

五、加大人才培养力度，提升公众数智素养

当前，我国生成式人工智能处于蓬勃发展阶段，需要进一步加大相关人才培养。首先，基于我国生成式人工智能发展实际，加大自主人才培养力度，增加相关基础学科投入，攻克相关核心技术，掌握发展主动权和自主权。目前，部分高校中的人工智能专业、专业教师队伍、科研

㊀ 吴文峻．生成式人工智能的技术局限和伦理风险［EB/OL］.（2024-10-17）［2025-03-12］. https://mp.weixin.qq.com/s?__biz=MzA4MzgyODAwMg==&mid=2456142734&idx=4&sn=b8a557493bc86d68f6e72fceb42c2736&chksm=89b6543ecd00cfbfaf86270df5834693c675d7c3f0b82fac6bb9c76889f50f1144bc3d1ee147&scene=27.

㊁ 参见《经济学人》杂志发布的一篇题为《AI 公司很快将耗尽大部分互联网数据》（AI firms will soon exhaust most of the internet's data）的文章。https://www.sohu.com/a/800186933_121023332.

平台与团队、教学设备等方面都有待提升和完善，理论和实践人才依然存在较大缺口，学校培养的学生与技术高速发展的现实需要之间还存在不平衡的现象。由此，国家可以出台一系列宏观政策与具体举措，支持高校科技创新并建设一批人工智能学院，不断丰富学科体系与知识结构，深化课程体系改革，培养适合本土需求的具备跨学科素养的复合型人才。其次，重视人才引进与国际交流。各国布局生成式人工智能的发展战略各有不同，在日益激烈的国际竞争中，我国应当重视高精尖人才的引进，同时积极参与生成式人工智能领域的国际交流，不断使人才、平台和资源多向互动，不断汇集国内外优秀资源和力量，为我国生成式人工智能的发展提供充足的人才支撑。[一]

在社会公众普遍关注生成式人工智能如火如荼的发展之时，其带来的层出不穷的挑战与风险也使得有些人对生成式人工智能持有反感、抗拒、厌恶和质疑等负面情绪，还有人甚至为其贴上了各种罪恶标签，此外，有些人由于数智素养和认知局限，即便身处大模型所带来的知识幻觉之中却浑然不觉。因此，推广生成式人工智能技术普及与通识教育，将数智素养纳入学校通识课程体系[二]，构建覆盖面广的数智素养与数智技能发展培育体系迫在眉睫。[三]为了化解社会公众对生成式人工智能的误解和偏见，从更加审慎客观的视角辩证看待生成式人工智能的现实影响，需要将数智素养与数智技能的培育纳入学校的课程体系。这不仅有助于使学生全面理解并系统掌握生成式人工智能的技术原理、运作机制、应用场景及潜在风险，为其将来的职业发展与终身学习奠定技术基础，而且从长远来看，这也有助于学生创新能力的激发培养与综合素质的全面提升，进而为我国生成式人工智能的发展提供源源不断的人才支撑。

㊀ 何潇，傅路军．生成式人工智能创新效应的提质优势、风险及机制保障——学习贯彻党的二十届三中全会精神［J］．技术经济与管理研究，2024（9）：12.

㊁ 张宣，杨易臻．重重挑战下，培养“AI 素养”成为必修课［N］．新华日报，2024-02-07.

㊂ 陈万球，罗一人．生成式人工智能的“知识幻觉”及其风险治理探论［J］．上海市社会主义学院学报，2024（4）：50.

后　　记

千日砥砺方琢玉，数载研磨终成章。生成式人工智能时代的到来，为诸多行业和领域带来了无限可能，同时也引发了人们前所未有的深刻隐忧。人们一方面感叹技术的强大，另一方面又总是担忧技术将人类的知识、理性、技能等以往为人类所独有的特性一点点吞噬。人类还能够继续成为这个世界上独一无二的存在吗？这正是人文社会科学一直以来不断思索而又重新回答的根本性问题之一。在生成式人工智能掀起的一轮又一轮科技浪潮的席卷之下，人们仿佛看到人文社会科学日渐式微，不断被人们忘却。然而，作为人类所能守候的最后的精神家园，我们始终无法将之完全拱手交付于人工智能。生成式人工智能在知识检索、文献搜集、语言翻译、方案设计、内容生成等方面的确展示出惊人的力量，尤其是在每次和它对话的过程中，目睹其"思考"的全过程时总会令我感到不可思议，甚至会一遍又一遍地提醒自己，你确定这是模型在"思考"而不是人在"思考"吗？米兰·昆德拉曾经说过，"人类一思考，上帝就发笑"。那么，现在机器一思考，人类又当如何呢？实际上，目前的生成式人工智能还面临着诸多技术风险与现实挑战，只有直面考验，一一解决这些技术难题，才能建构多元化的可能生活。每次当我向生成式人工智能提出关于它的情感、情绪等状态时，它总是回答说，我没有情感体验，不知道自己是否开心。一下子又把我拉回到清醒的现实之中，我是在和机器对话，而不是在和人聊天。希望我们在享受技术带来的便利和福祉的同时，也能够以一种更加平和而自信的眼光审视这一“对象”，既不必为其能力所及而自叹不如，也不必为其能力不及而心怀傲慢。因为，我们每个人已经身处于生成式人工智能的时代，无人能够逃避，但是，我们能够选择的就是以何种方式与之共生共存，使人类自身和人类的生活变得更加美好而有意义。机器和技术本身没有意义，它们更无法赋予人类以意义和价值，但却可以帮助我们去实现意义和价值。因此，坦然地接受其成为我们生活世界中的一部分，甚至是重要的组成部分才是开辟崭新未来的出发点。在拥抱技术的同时，也要更加理性而审慎地把握技术发展的趋势与方向，再强大的技术，如果对人类无益，也是丝毫没有价值的。期待人类与生成式人工智能协同进化，携手迈入人类文明的新形态。